Englisch
für Reise
und Urlaub

Dr. Henry Stark

W0011826

ISBN 3-87269-402-2

© 1990 Goldstadtverlag Pforzheim
4. Auflage
Nachdruck, Fotokopie oder Verarbeitung mittels elektronischer Systeme,
auch auszugsweise, ohne schriftliche Genehmigung des Verlages nicht gestattet.
Herstellung: Karl A. Schäfer, Buch- und Offsetdruckerei, Pforzheim
Vertrieb: GeoCenter Verlagsvertrieb GmbH, München

0490109020

Englisch
für Urlaub
und Reise

**Im Hörsprachen-System
lesen und sofort richtig sprechen**

**Mit englischer Speisenkarte
in deutsch-englisch
und englisch-deutsch**

Dr. Henry Stark

GOLDSTADTVERLAG PFORZHEIM

VORWORT

Gestützt auf unser neuartiges System der Schreibweise in **Hörsprache** und der dazugehörigen **richtigen Betonung** durch ein direkt auf der Silbe **aufgesetztes Akzentzeichen** (´) ist es möglich sofort richtig zu sprechen und verstanden zu werden, ohne diese Sprache vorher gelernt zu haben.

Der Sprachführer ist klar leserlich, wobei sich die zu sprechenden Wörter und Sätze durch den **Druck in einer anderen Farbe** hervorheben und ausserdem durch einen **hinweisenden Pfeil** gekennzeichnet sind.

Sie werden staunen wie leicht Sie verstanden werden, wenn der gewünschte Text langsam und deutlich und unter Berücksichtigung der **richtigen Betonung** (´) gelesen wird. Wichtig für die phonetische Aussprache (**Hörsprache**): Jeder Buchstabe wird genau so ausgesprochen wie im Deutschen und die Silbe, welche mit einem **Akzent** (´) bezeichnet ist, muß stark betont werden.

Besonderes Augenmerk wurde der Speisenkarte gewidmet. Um diese zu enträtseln gibt es die meisten Schwierigkeiten. Es wurde versucht, sie dem deutschen Geschmack anzupassen, was nicht heißen soll, daß Sie auf die Küchenspezialitäten des Landes verzichten müssen.

Dies alles soll Ihnen den Aufenthalt in Ihrem Urlaubsland zum Vergnügen machen. Und nun

Gute Reise ▶ a pläsent tschörni (a pleasant journey)

Der Verfasser

Inhaltsverzeichnis

Suchwortverzeichnis

Ankunft mit dem Flugzeug

▶ aráiwel bái pléyn
(arrival by plane)

Am Flughafen ▶ ät de árport   (at the airport)
Passkontrolle ▶ kontról of pássport   (control of passport)
Zollkontrolle ▶ kontról of kástoms   (control of customs)
Haben Sie etwas zu verzollen?
▶ dú jú háw äniding tu diklár?   (Do you have anything to declare?)
Haben Sie Zigaretten oder Likör?
▶ dú jú häw sígarets or líker?   (Dou you have cigarettes or liquor?)
Ja - Nein ▶ jés - nó   (yes - no)
Geldwechsel ▶ extschéynsching móni   (exchanging money)
Gepäckträger ▶ pórter   (porter)
Bitte nehmen Sie diese Gepäckstücke
▶ pliys téyk dís lágitsch   (please take this luggage)
Ich möchte ein Taxi nehmen
▶ ái wánt tu téyk ä táxi   (I want to take a taxi)
Ich möchte den Bus nehmen
▶ ái wánt tu téyk de bás   (I want to take the bus)
Was kostet die Fahrt zum Hotel?
▶ háu mátsch is de fär tu de hotél?   (How much is the fare to the hotel?)
Kann ich mit dem Bus fahren?
▶ kän ái téyk de bás?   (can I take the bus?)
Wo steht der Bus zur Stadt?
▶ wär is de bás tu de síti?   (where is the bus to the city?)
Ich möchte zum Hotel ....
▶ ái wánt to gó tu de hotél ....   (I want to go to the hotel...)

Umsteigen am Flugplatz

▶ tschéynsching pléyns ät de árport
(changing planes at the airport)

Auskunft für den Fluganschluss

▶ informéyschn of de fláit konékschn
(information of the flight connection)

9

Wann geht das Flugzeug nach ....?
▶ **wén is de pléyn líywing for ....?** (when is the plane leaving for...?)
Ausgang No. ....zum Flug nach ....
▶ **géyt námber...for de fláit tu ....** (gate number....for the flight to...)
Aufruf zum Abflug nach ....
▶ **kóoling de fláit tu ....** (calling the flight to....)
Der Flug nach .... ist verspätet
▶ **de fláit tu .... wíl bi léyt** (the flight to .... will be late)
Der Flug nach .... ist abgesagt
▶ **de fláit tu .... is kánzeld** (the flight to .... is cancelled)
Der Flugkapitän ▶ **de fláit káptn** (the flight captain)
Die Stewardess ▶ **de stjuardéss** (the stewardess)
Gurten anlegen ▶ **fáasn síyt bälts** (fasten seat belts)
Nicht Rauchen ▶ **no smóoking** (no smoking)
Notausgang ▶ **emórdschensi áxit** (emergency exit)
Sitznummer ▶ **síyt námber** (seat number)

Ankunft mit dem Auto

▶ **aráiwel bái kár**
(arrival by car)

Grenzkontrolle ▶ **bórder kontról** (border control)

Passkontrolle ▶ **pássport kontról** (passport control)

Autopapiere ▶ **kár péypers** (car papers)

Grüne Versicherungskarte ▶ **gríyn inschúrens kárd**
(green insurance card)

Haben Sie etwas zu verzollen?
▶ **dú jú häw ániding tu diklár?** (do you have anything to declare?)
ja - nein ▶ **jés - nó** (yes - no)
Geldwechsel ▶ **extschéynsching móni** (exchanging money)
Tankstelle ▶ **pétrol - gás - stéyschn** (petrol - gas - station)
Landkarte und Auskunft ▶ **máp änd informéyschn**
(map and information)
Bitte, können Sie mir sagen?
▶ **kúd jú téll mi plíys?** (could you tell me please?)
Wo ist die Strasse nach ....?
▶ **wítsch is de wéy tu ....?** (which is the way to ....?)

Ist das die Strasse nach ....? ▶ **is díys de wéy tu ...?** (is this the way
Wieviele Kilometer - Meilen - sind es bis ....? to....?)
　　▶ **háu mǎny kílomiters - máils - is it tu .....?**
　　　　　　　　(how many kilometers - miles - is it to .....?)
　　　　　　　　Zur Beachtung: 1 engl. oder amerik. Meile =
Gibt es einen kürzeren Weg? 1.6 km.
　　▶ **is där ä schórter wéy?** (is there a shorter way?)
Ich habe den Weg verloren nach ....
　　▶ **ái häw lóst de wéy tu ....** (I have lost the way to....)
Verkehrsampel ▶ **tráfik láit** (traffic light)
Strassenzeichen ▶ **stríyt sáins** (street signs)
Achtung! Vorsicht! ▶ **aténschn! kóschn!** (attention! caution!)
Höchstgeschwindigkeit ▶ **máximum spíyd - spíyd límit**
　　　　　　　　　　(máximum speed - speed limit)

Langsam fahren! ▶ **lóo spíyd!** (low speed)
Nicht überholen! ▶ **dú not ówertéyk! - dú not páss!**
　　　　　　　　(do not overtake! - do not pass!)

Vorfahrrecht beachten! ▶ **gíw wéy! - jíld!** (give way! - yield!)
Halt! Umleitung! ▶ **stóp! dítur!** (stop! detour!)
Nach rechts, nach links ▶ **tu de ráit, tu de léft** (to the right, to the left)
Geradeaus ▶ **stréyt ahǎd** (straight ahead)
In derselben Richtung ▶ **in de séym dirékschn** (in the same direccion)
Einfahrt, Ausfahrt ▶ **éntrans, éxit** (entrance, exit)
Gesperrt, erlaubt ▶ **klóosd, permítted** (closed, permitted)
Verboten ▶ **prohíbited** (prohibited)
Einbahnstrasse ▶ **wóan wéy** (one way)
Parkplatz ▶ **párking** (parking)
Kreisverkehr ▶ **ráund abáut - tráfik sörkl** (round about - traffic circle)
Autobahn ▶ **spíyd wéy - hái wéy** (speed way - highway)
Landstrasse ▶ **hái róod** (high road)
Strasse ▶ **stríyt** (street)
Stadtmitte ▶ **síty sénter** (city center)
hier - dort ▶ **híyr - där** (here - there)
langsam - schnell ▶ **slóo - fäst** (slow - fast)
geradeaus ▶ **stréyt ahǎd** (straight ahead)
nach rückwarts ▶ **tu de bäk** (to the back)
zurückfahren ▶ **riwǒrsing** (reversing)
wenden - einbiegen ▶ **tǒrning** (turning)
vorbeifahren ▶ **dráiwing pást** (driving past)

überholen ▶ ówerteyking - pássing (overtaking - passing)
Umleitung ▶ dítur (detour)
ausweichen ▶ gíwing wéy - jíylding (giving way - yielding)
Strassenpolizei ▶ tráfik polís (traffic police)
Strafe ▶ fáin (fine)
Gericht ▶ kórt (court)
Unfall ▶ áksident (accident)
Versicherungs - Gesellschaft ▶ inschúrens kómpany
(insurance company)
Autonummer und Adresse ▶ láisens námber änd ádress
(license number and address)

Hilfe! ▶ hélp! (help!)
Rotes Kreuz ▶ räd króss (Red Cross)
Spital ▶ hóspitl (hospital)
Sanitätswagen ▶ ämbiulans (ambulance)
Erste Hilfe-Dienst ▶ först éyd stéyschn (first aid station)
Praktischer Arzt ▶ fisíschn (physician)
Chirurg ▶ sördschn (surgeon)

Camping und Haushalt

▶ kämping änd háuskiyping
(camping and housekeeping)

Wohnwagen ▶ kárawan tréyler (caravan trailer)
Zelt ▶ tént (tent)
Schlepptau ▶ táuing róop (towing rope)
im Schlepptau ziehen ▶ táuing awéy (towing away)
Gibt es ·hier einen Campingplatz?
▶ is där ä kämping sáit nírbai? (is there a camping site nearby?)
Wo muss man um Erlaubnis fragen?
▶ wär du wi häw tu ásk for permíschn?
(where do we have to ask for permission?)
Was kostet es pro Tag?
▶ háu mátsch du wi häw tu péy déyli?
(how much do we have to pay daily?)
Gibt es einen elektrischen Anschluss?
▶ is där än eléktrik konékschn? (is there an electric connection?)
Wieviel Volt-Spannung verwendet man hier?
▶ wót is de wóltätsch híyr? (what is the voltage here?)

Wo ist der elektrische Anschluss?
▶ **wér is de eléktrik konékschn?** (where is the electric connection?)

Kann man das Wasser trinken?
▶ **is díys wóter drínkeybl?** (is this water drinkable?)

Wo kann man ein Bad nehmen?
▶ **wér kän wi téyk ä bat or schάuer?**
(where can we take a bath or shower?)

Gibt es ein Schwimmbad hier?
▶ **is där ä swímming púul nirbái?** (is there a swimming pool nearby?)

Gibt es ein Geschäft in der Nähe?
▶ **is där ä stor nirbái?** (is there a store nearby?)

Einkaufen ▶ **schópping** (shopping)

Supermarkt ▶ **súpermarket** (supermarket)
Laden ▶ **schóp** (shop)
Lebensmittelgeschäft ▶ **fúud stór** (food store)
Selbstbedienung ▶ **sélf-sóŕwis** (self-service)
Bäckerei ▶ **báḱery** (bakery)
Milchgeschäft ▶ **dáŕy schóp** (dairy shop)
Metzger ▶ **bútscher** (butcher)
Fischgeschäft-Markt ▶ **fisch márket** (fish market)

Hohlmasse und Gewichte (ungefähr, zum Vergleichen):

5 Liter = 1.1 engl. Gallone = 1.3 amerik. Gallone
1 engl. Gallone = 4.5 Liter, 1 amerik. Gallone = 3.75 Liter
1 Kilogramm = 2 engl. Pfunde = 2.2 amerik. Pfunde
1 Meter = 1.1 engl. oder amerik. Yard

Gasthaus ▶ **ínn** (inn)

Wo kann man gutes Essen bekommen?
▶ **wär kän wi gät a gúd míyl?** (where can we get a good meal?)

Kann man hier ein Feuer machen zum Kochen?
▶ **méy wi méyk ä fáir for kúking?** (may we make a fire for cooking?)

Wo ist hier ein Kübel für die Abfälle?
▶ **wär kän ái fáind ä báket (kän) for de gárbitsch?**
(where can I find a bucket (can) for the garbage?)

Ich benötige einen Eimer, Seife, Handtuch
▶ **ái níyd ä báket, sóop, táuel** (I need a bucket, soap, towel)

eine Kerze, Hammer, Zange, Nägel, Schaufel
▶ **ä kändl, hámer, pláiers, néyls, ä schówl**
(a candle, hammer, pliers, nails, a shovel)

eine Decke, Liegestuhl, Polster-Kissen
> ä blánket, hámok-tschär, pílloo-kúschn
(a blanket, hammock-chair, pillow-cushion)
Kann man das auch ausleihen?
> kän wi ólso rént it? (can we also rent it?)
Muss man ein Depot erlegen?
> schúd wi líyw ju ä depósit? (should we leave you a deposit?)
Wir wollen nur einige Tage - Wochen hier bleiben
> wi wíll stéy híyr ónly for ä fiú déys - wíyks
(we will stay here only for a few days - weeks)

Ankunft mit Bahn oder Schiff
> aráiwäl bái trén or bóot
(arrival by train or boat)

Passkontrolle > kontról of pássport (control of passport)
Zollkontrolle > kontról of kástoms (control of customs)
Gepäckträger > pórter (porter)
Geldwechsel > tschéyndsching móni (changing money)
Taxi oder Bus > táxi or bás (taxi or bus)
Bahn > trén (train)
Bahnhof > réylwey stéyschn (railway station)
Eilzug > expréss trén (express train)
Schnellzug > fast - quík trén (fast - quick train)
Kartenverkauf > tíket káunter (ticket counter)
nur Hinfahrt > singl tíket ónli (single ticket only)
Hinfahrt allein > wóan wéy ónli (one way only)
hin und zurück > fort and bäk (forth and back)
hin und zurück > ä ráund tíket (a round ticket)
Lokomotive > éndschin (engine)
Waggon > réylwey kärridsch - kóodsch (coach - railway carriage)
Abteil > kompártment (compartment)
1. Klasse > först klass (first class)
2. Klasse > sékond klass (second class)
Schlafwagen > slíyping kar (sleeping car)
Speisewagen > dáining kar (dining car)
Waschraum WC. > láwatori (lavatory)
Wartesaal > wéyting rúum (waiting room)
Eingang - Ausgang > éntrans - géyt - éxit (entrance - gate - exit)

rauchen - nicht rauchen ▶ smóoking - nó smóoking
(smoking - no smoking)
verboten - erlaubt ▶ prohíbited - permítted (prohibited - permitted)
Schaffner ▶ kondákter (conductor)
Gepäckträger ▶ pórter (porter)
Gepäckwagen ▶ lágidsch wǎn (luggage van)
Gepäckaufbewahrung ▶ léft lágidsch óffis (left luggage office)
Bahnschienen ▶ réyl - träk (rail - track)

Schiff ▶ bóot - wéssl - schip (boat - vessel - ship)
für Übersee ▶ for ówersíys (for overseas)
Fahrplan ▶ itíneräri (itinerary)
Stundenplan ▶ táim téybl (time table)
Fahrpreis ▶ fär (fare)
Kabine ▶ kǎbin (cabin)
Lehnstuhl ▶ árm tschär (arm chair)
Liegestuhl ▶ hǎmmok tschär (hammock chair)

Ankunft im Hotel
▶ aráiwel ät de hotél

(arrival at the hotel)

Beim Empfangsschalter ▶ ät de reséptschn désk (at the reception desk)

Haben Sie ein Zimmer für 1,2,3 oder 4 Personen?
▶ dú ju häw ä rúum for wóan, túu, trí or fóor pǒrsns?
(do you have a room for one, two, three or four persons?)

Ich möchte ein ruhiges Zimmer
▶ ái wánt ä kwáiet rúum (I want a quiet room)

Mit Bad und WC. ▶ wíd bád änd WC.-tóilet (with bath and WC. toilet)

Haben Sie auch ein Restaurant?
▶ dú ju ólso häw ä réstaurant? (do you also have a restaurant?)

Gibt es Vollpension?
▶ dú ju häw ä fúll pénschn réyt? (do you have a full pension rate?)

Ich möchte lieber Halbpension
▶ ái wúd prifǒr háf pénschn réyt (I would prefer half pension rate)

Was ist der Preis des Zimmers?
▶ wát is de práis of de rúum? (what is the price of the room?)

15

Ist die Bedienung inbegriffen?
▶ is de sŏrwis inklúded? (is the service included?)

Einbettzimmer ▶ síngl béd rúum - indiwídual rúum
(single bed room - individual room)

Zweibettzimmer ▶ dóbl béd rúum (doble bed room)

In welchem Stock ist das Zimmer?
▶ ón witsch flóor is de rúum? (on which floor is the room?)

Bitte geben Sie mir den Schlüssel
▶ plíys gíw mi de kíy (please give me the key)

Gibt es einen Aufzug?
▶ is där ä lift - áleweyter? (is there a lift - elevator?)

Bitte schicken Sie den Träger um meine Koffer
▶ plíys sénd de pórter for mái lágitsch
(please send the porter for my luggage)

Ich möchte mein Zimmer wechseln
▶ ái want tu dschéynsch mái rúum (I wánt to change my room)

Ein Stock höher (niedriger)
▶ wóan flóor háyer - áp stärs - lóer
one floor higher - up stairs - lower

Kann man eintreten?
▶ méy ái go in? (may I go in?)

Bitte schicken Sie meine Koffer in mein Zimmer
▶ plíys sénd mái lágitsch tu mái rúum
(please send my luggage to my room)

Bitte mich um ...Uhr zu wecken
▶ plíys wéyk mı áp ät ...o-klók (please wake me up at ...o'clock)

Bitte nicht stören
▶ du not distŏrb, plíys (do not disturb, please)

Wann wird serviert? ▶ ät wot táim will it bi sörwd?
(at what time will it be served?)

Das Frühstück, das Mittagessen, das Abendessen
▶ de bréykfäst, de lántsch, de dínner
(the breakfast, the lunch, the dinner)

Bitte mir das Frühstück in das Zimmer zu schicken
▶ plíys bring mái bréykfäst tu mái rúum
(please bring my breakfast to my room)

Ich mache einen Ausflug
▶ ái äm góing on än exkŏrschn (I am going on an excursion)

Ich werde nicht zum Mittagessen kommen
▶ ái will nót bi híyr ät lántsch táim (I will not be here at lunch time)

Bitte um ein kaltes Esspaket
▶ plíys pripǎr mi ä pǎkd lántsch (please prepare me a packed lunch)
Ist Post für mich gekommen?
▶ häs ǎni méyl aráiwd for mi? (has any mail arrived for me?)
Mein Name ist .... ▶ mái néym is .... (my name is..........)
Meine Zimmer Nummer ist .... ▶ mái rúum námber is...
(my room no. is....)
Bitte geben Sie mir meinen Zimmerschlüssel
▶ plíys giw mi de kíy for rúum námber ....
(please give me the key for room no. ....)
Kann man hier Briefpapier und Umschläge bekommen?
▶ méy ái gät sám ráiting péyper hiyr?
(may I get some writing paper here?)
Kann man hier Briefmarken bekommen?
▶ kän ái bái sam stämps híyr? (can I buy some stamps here?)
Was ist das Porto für einen Luftpostbrief? - Karte?
▶ háu mátsch is de póstedsch for an ǎrmeyl létter? - póostkard?
(how much is the postage for an airmail letter? - postcard?)
Nach Übersee ▶ ówersiys (overseas)
Nach Deutschland oder Europa
▶ tu dschǒrmäny or júrep (to Germany or Europe)
Wo ist der Briefkasten? ▶ wǎr is de létter - méyl - box?
(where is the letter - mail - box?)
Eingang ▶ éntrans (entrance)
Ausgang ▶ éxit (exit)
Notausgang ▶ ämǒrdschensi éxit (emergency exit)
Aufzug - Lift ▶ ǎleweyter - lift (elevator - lift)
Stiege ▶ stärs (stairs)
Stockwerk - Etage ▶ flóor (floor)
Feueralarm ▶ fáir alárm (fire alarm)
Hilfe! ▶ hélp! (help!)
Ich möchte meine Wertsachen (Schmuck) im Depot hier hinterlegen
▶ ái wúd láik tu depósit mái wǎljueybls (dschúelry) híyr
(I would like to deposit my valuables (jewelry) here)

Hotelpersonal ▶ stáff of de hotél (staff of the hotel)

Direktor ▶ diréktor (director)
Empfangs-Chef ▶ häd resépsioníst (head receptionist)
Kassier ▶ kaschír (cashier)
Hauptportier ▶ häd pórter (head porter)

Portier ▶ pórter (porter)
Gepäckträger ▶ pórter (porter)
Aufzugswärter ▶ éleweyter mén - lift bóy (elevator man - lift boy)
Page ▶ béll bói (bell boy)
Zimmermädchen ▶ rúum méyd (room maid)
Oberkellner ▶ häd wéyter (head waiter)
Kellner ▶ wéyter (waiter)
Kellnerin ▶ wéytress (waitress)
Küchen-Chef ▶ tschíf (chef - head- cook)

Ich habe eine Reklamation
▶ ái häw sám kompléynts (I have some complaints)

Ich benötige ein zweites Kissen - Polster (Decke)
▶ ái níyd anóder pílloo (blánket)(I need another pillow (blanket)
Aschenbecher ▶ äschtrey (ashtray)
Abfallkorb ▶ wéyst básket (waste basket)
Kleiderhänger ▶ klóots hánger (clothes hanger)
Es fehlen die Handtücher - Seife
▶ táuels and sóop ár míssing (towels and soap are missing)
Ich benötige Klosettpapier ▶ ái níyd tóilet péype(I need toilet
paper)
Die Heizung funktioniert nicht
▶ de híyt is not wórking (the heat is not working)
Das Wasser im Badezimmer rinnt - tropft
▶ de wóter is drípping in de bátruum
(the water is dripping in the bathroom)
Der Wasserhahn ist ruiniert
▶ de wáter-táp is dámedschd (the water-tap is damaged)
Die Dusche funktioniert nicht
▶ de scháuer dás nót wórk (the shower does not work)
Der Abfluss ist verstopft
▶ de dréyn is klógd (the drain is clogged)
Es ist kein Licht im Zimmer
▶ där is no láit in de rúum (there is no light in the room)
Eine Glühbirne ist kaputt
▶ ä bálb is dámedschd (a bulb is damaged)
Die Türen (Fenster) schliessen nicht
▶ de dóors (wíndoos) ár nót klóosing well
(the doors (windows) are not closing well)
Ich habe meinen Schlüssel im Zimmer vergessen
▶ ái léft mái kíy ínsaid de rúum (I left my key inside the room)

Es ist etwas aus meinem Zimmer abhanden gekommen
▶ ái am míssing sámting in mái rúum
(I am missing something in my room)

Ich wurde bestohlen
▶ ái häw bíyn róbd   (I have been robbed)

Meine Koffer wurden gewaltsam geöffnet
▶ mái lágidsch häs bíyn fórsd ópen
(my luggage has been forced open)

Ich habe etwas verloren
▶ ái häw lóst sámting   (I have lost something)

Brieftasche, Uhr, Ring, Halskette, Ohrgehänge
▶ wálet, wótsch, ríng, kólar, íyr-ríngs
(wallet, watch, ring, collar, ear-rings)

Ich habe einen elektrischen Rasierapparat
▶ ái häw an eléktrik schéywer   (I have an electric shaver)

Welche Voltspannung hat man hier?
▶ wót wóltädsch dú ju häw híyr? (what voltage do you have here?)

Mein Stecker passt nicht
▶ mái plág dás not fít   (my plug does not fit)

Gibt es einen Zusatzstecker?
▶ dú ju häw ä konwérschn-plág? (do you have a conversion plug?)

Wo kann ich das kaufen?
▶ wär méy ái bái wóan?   (where may I buy one?)

Bitte mir diesen zu besorgen
▶ kúd ju gét wóan for mí, plíys? (could you get one for me,
please?)

Wäsche waschen ▶ láundri (laundry)

Bitte das Zimmermädchen zu schicken
▶ plíys kóol de rúum méyd for mi   (please call the room maid
for me)

Hier ist meine Wäsche zum Waschen
▶ híyr is mái láundri   (here is my laundry)

Wann wird diese fertig sein?
▶ wén wíl it bi rä́di?   (when will it be ready?)

Ich benötige diese dringend
▶ ái níyd it ö́rdschentli   (I need it urgently)

Herrenwäsche ▶ láundri for mén   (laundry for men)

Herrenhemd ▶ schŏrt   (shirt)
Unterhemd ▶ ánder schŏrt   (undershirt)
Unterhose ▶ pắnts   (pants)
Strümpfe ▶ stókings   (stockings)
Socken ▶ sóks   (socks)
Taschentücher ▶ hắnkertschifs   (handkerchiefs)
Pyjama ▶ pedschámas   (pajamas)
Hosen ▶ tráusers or pắnts or sláks   (trousers or pants or slacks)
Kurze Hosen ▶ schórts   (shorts)
Herrenrock ▶ dschắket   (jacket)
Überrock ▶ kóot   (coat)
Schlafrock ▶ dréssing gáun - bátroob (dressing gown - bathrobe)
Handtuch ▶ táuels   (towels)
Badetuch ▶ bád táuels   (bath towels)
Leintuch ▶ schíyt   (sheet)
Kissen - Polster - Überzug ▶ pílloo-käs   (pillow case)
Bettwäsche ▶ béd-línen   (bed-linen)
Bettdecke ▶ blánket   (blanket)
Hausschuhe ▶ slípers   (slippers)
Tischtuch ▶ téybl-klóot   (table-cloth)
Servietten ▶ téybl-nắpkins   (table-napkins)
Seife ▶ sóop   (soap)
Waschpulver ▶ ditŏrdschent   (detergent)
Waschmaschine ▶ wásching maschín   (washing machine)
Bürste ▶ brásch   (brush)
Trocknen ▶ dráying   (drying)
Aufhängen ▶ hắng-áp   (hang-up)
Bügeln ▶ áironing   (ironing)

Damenwäsche ▶ láundri for léydis   (laundry for ladies)

Kombination ▶ slip - kombinéyschn   (slip - combination)
Nachthemd ▶ náit - gáun
Unterhose ▶ pắntis   (panties)
Busenhalter ▶ brasiắr   (brassiere)
Schlüpfer ▶ gŏrdl   (girdle)
Taschentücher ▶ hắnkertschifs   (handkerchiefs)
Bluse ▶ bláus   (blouse)
Damenrock ▶ skört   (skirt)
Hosen ▶ tráusers - pắnts - sláks   (trousers - pants - slacks)

20

Kleid ▶ dréss (dress)
Schlafrock ▶ ▶ dréssing gáun - bátroob (dressing gown - bathrobe)
Wollkleid ▶ nítted wär (knitted wear)
Wolljacke ▶ swätter (sweater)
Baumwolle ▶ kóttn (cotton)
Kunststoff ▶ artifíschl metíyriel - náilon (artificial material - nylon)
Seidenkleid ▶ sílk-dréss (silk-dress)
Strümpfe ▶ stókings (stockings)
Strumpfhose ▶ táits (tights)
Kinderwäsche ▶ tschíldrens ánderwär (children's underwear)
Windeln ▶ dái-epers (diapers)
Schürze ▶ épron (apron)
Trockenreinigen ▶ drái-klíyning (dry-cleaning)
Ich habe einen Anzug - Kleid
▶ aí häw ä sút -dréss (I have a suit - dress)
zum Trockenreinigen und Bügeln
▶ for drái-klíyning änd áironing (for dry-cleaning and ironing)
Bitte schreiben Sie das auf meine Rechnung
▶ plíys pút it on mái bill (please, put it on my bill)

Geldwechsel und Bank

▶ extschéynsching móni änd bánking
(exchanging money and banking)

Ich möchte Geld wechseln
▶ aí wánt tu extschéynsch sám móni
(I want to exchange some money)
Ich möchte einen Reisescheck wechseln
▶ aí wánt tu extschéynsch ä träwellers tschék
(I want to exchange a traveller's cheque)
Was ist der Wechselkurs heute?
▶ wót is de réyt of extschéynsch tudéy?
(what is the rate of exchange today?)
Hier ist mein Reisepass
▶ híyr is mái pássport (here is my passport)
Wo muss ich unterschreiben?
▶ wär schúd aí sáin? (where should I sign?)
Wo ist die Kassa?
▶ wär is de kaschíyr? (where is the cashier?)

Ich möchte kleines Wechselgeld
▶ ái wánt smóol tschéynsch (ái want small change)

Bankkonto ▶ bǎnk akáunt (bank account)
eröffnen ▶ óopening (opening)
herausnehmen ▶ wít-dráuing (withdrawing)
Geldüberweisung ▶ remítting móni (remitting money)
Sparkasse ▶ séywings akáunt (savings account)
Sparkassenbuch ▶ pássbuk for séywings akaunt

(passbook for savings account)

Anreden

▶ adréssing sámbodi
(addressing somebody)

Grüssen ▶ tú griyt - tú salút (to greet - to salute)
Guten Morgen! ▶ gúud mórning! (good morning!)
Wie befinden Sie sich heute? ▶ háu ár ju tudéy? (how are you today?)
Danke, gut ▶ tǎnk ju, ái äm fáin (thank you, I am fine)
Wie geht es Ihnen? ▶ háu du ju dú? (how do you do?)
Hallo! ▶ hélloo! (hello!)
Grüss Gott! - Gott segne dich! ▶ gód bléss ju! (God bless you!)
Mittagzeit ▶ lantsch táim (lunch time)
Guten Nachmittag ▶ gúd áfternuun (good afternoon)
Guten Abend ▶ gúd íwning (good evening)
Gute Nacht ▶ gúd náit (good night)
Auf Wiedersehen! ▶ so lóng! (so long!)
Auf baldiges Wiedersehen! ▶ síy ju ägéyn! (see you again!)
Auf Wiedersehen! ▶ gúd bái! (good bye!)

Einige Wörter, die man ständig braucht:

Ich will ▶ ai wisch (I wish) - Ich will nicht ▶ ai dónt wisch
(I don't wish)
Ich möchte ▶ ai laik (I like) - Ich möchte nicht ▶ ai dónt laik
(I don't like)
Ich benötige ▶ ai níyd (I need) - Ich benötige nicht ▶ ai dónt níyd
(I don't need)
Ich kann ▶ ai kän (I can) - Ich kann nicht ▶ ai kän not (I can't)

Ich bin ▶ ai äm (I am) - Ich bin nicht ▶ ai äm not (I am not)
Ich werde ▶ ai schäll (I shall) - Ich werde nicht ▶ ai schäll not
(I shall not)
Ich würde ▶ ai wud (I would) - Ich würde nicht ▶ ai wud not
(I would not)
Ich habe ▶ ai häw (I have) - Ich habe nicht ▶ ai häw not
(I have not)

ich ▶ ái (I)	mir ▶ mí (me)	wir ▶ wí (we)
du ▶ jú (you)	dir ▶ jú (you)	ihr ▶ jú (you)
er ▶ hí (he)	ihm ▶ hím (him)	sie ▶ déy (they)
sie ▶ schí (she)	ihr ▶ hör (her)	
es ▶ ít (it)		Sie (Ansprache) ▶ jú (you)

Fragen werden auf folgende Art gebildet:

Wollen Sie ▶ du ju wisch? (do you wish?)
Suchen Sie? ▶ du ju want? (do you want?)
Benötigen Sie? ▶ du ju níyd? (do you need?)
Möchten Sie? ▶ du ju laik? (do you like?)
Können Sie? ▶ kän ju? (can you?)
Könnten Sie? ▶ kud ju? (could you?)
Sind Sie? ▶ ár ju? (are you?)
Werden Sie? ▶ will ju? (will you?)
Würden Sie? ▶ wud ju? (would you?)
Haben Sie? ▶ häw ju? (have you?)
Wo? ▶ wer? (where?) - Wer? ▶ hu? (who?)
Was? ▶ wat? (what?) - Wie? ▶ hau? (how?)
Wann? ▶ wän? (when?) - Warum? ▶ wai? (why?)
Hier ▶ híyr (here) - Dort ▶ där (there)
Heute ▶ tudéy (today)
Morgen ▶ tumórroo (tomorrow)
Gestern ▶ jésterdey (yesterday)
Bitte ▶ plíys (please)
Danke ▶ tänk ju (thank you)
Danke sehr ▶ tänk ju wéri matsch (thank you very much)
Verzeihen ▶ sórri (sorry)
Entschuldigen ▶ párdn (pardon)
Ich verstehe ▶ ai síy (I see)
Ich verstehe nicht ▶ ai dónt anderstánd (I don't understand)

???

23

Vorstellen
▶ introdjúsing
(introducing)

Ich möchte (mich) Ihnen vorstellen
▶ **ái wánt tu introdjús (máiself)** (I want to introduce (myself)
Mein Name ist .... ▶ **mái néym is ....** (my name is ....)
Herr .... ▶ **Mister ....** (Mr. ....)
Frau .... ▶ **Míssis ....** (Mrs. ....)
Fräulein .... ▶ **Miss....** (Miss....)
Herr ▶ **sör - dschéntlmän** (sir - gentleman)
Junger Mann ▶ **jong félloo** (young fellow)
Bursch - Knabe ▶ **bóy** (boy)
Frau ▶ **míssis - léydi - mádam** (Mrs., lady - madame)
Fräulein ▶ **míss** (Miss) Mädchen ▶ **görl** (girl)
Ehefrau ▶ **wáif** (wife)
Ehemann ▶ **hásbänd** (husband)
Sohn ▶ **són** (son)
Tochter ▶ **dóoter** (daughter)
Kind ▶ **tscháild** (child)
Kinder ▶ **tschíldren** (children)
Säugling ▶ **béybi** (baby)

Ich wohne in diesem Hotel
▶ **ái äm líwing in dis hotél** (I am living in this hotel)
Ich wohne in einem Apartment
▶ **ái äm líwing in ä flát - apártment** (I am living in a flat - apartment)
Ich komme von .... ▶ **ái kóm from ....** (I come from....)
Woher kommen Sie? ▶ **wär ár ju from?** (where are you from?)
Wielange werden Sie hier bleiben?
▶ **háu lóng will ju stéy híyr?** (how long will you stay here?)
Es tut mir leid, dass ich nicht Englisch sprechen kann
▶ **ái äm sórry tät aí kän nót spíyk ínglisch**
(I am sorry that I can not speak English)
Ich habe einen Sprachführer, der mir behilflich sein wird
▶ **ái häw ä lǎngwidsch gáid, ít wíll bi hǎlpful tu mi**
(I have a language guide, it will be helpful to me)

Bitte mit mir langsam zu sprechen
▶ **wúd ju plíys tóok slóoli** (would you please talk slowly)
Wollen Sie bitte das wiederholen
▶ **wúd ju plíys ripíyt it** (would you please repeat it)
Ich habe Sie nicht verstanden
▶ **ái did nót anderstånd ju** (I did not understand you)

Restaurant und Bar

▶ **réstaurant änd bár**
(restaurant and bar)

Gedeck für den Tisch ▶ **téybl juténsils** (table utensils)
ein grosser Teller ▶ **ä big dísch - pléyt** (a big dish - plate)
ein kleiner Teller ▶ **ä smóol dísch - pléyt** (a small dish - plate)
ein Suppenteller ▶ **ä súp pléyt** (a soup plate)
eine Suppenschale ▶ **ä káp for súp** (a cup for soup)
eine Serviertasse ▶ **ä tréy** (a tray)
eine Obstschüssel ▶ **ä frút-bóol** (a fruit bowl)
ein Glas ▶ **ä gláss** (a glass)
ein kleines Glas ▶ **ä smóol gláss** (a small glass)
ein Weinglas ▶ **ä wáin gláss** (a wine glass)
ein Likörglas ▶ **ä líker gláss** (a liqueur glass)
ein Champagner Glas ▶ **ä tschampéyn gláss** (a champagne glass)

das Besteck ▶ **de sétting** (the setting)
ein grosser Löffel ▶ **ä big spúun** (a big spoon)
ein Suppenlöffel ▶ **ä súp spúun** (a soup spoon)
ein kleiner Löffel ▶ **ä smóol spúun** (a small spoon)
ein Kaffeelöffel ▶ **ä tíy spúun** (a tea spoon)
eine Gabel ▶ **ä fórk** (a fork)
ein Messer ▶ **ä náif** (a knife)
ein Fischmesser ▶ **ä físch náif** (a fishknife)
eine Serviette ▶ **ä nápkin** (a napkin)
ein grosses Tischtuch ▶ **ä téybl klóot** (a table cloth)
Essig - und Öl-Behälter ▶ **ä wínegar krúet** (a vinegar cruet)
Salzstreuer ▶ **ä sóolt schéyker** (a salt shaker)
Pfefferstreuer ▶ **ä pépper schéyker** (a pepper shaker)
Ketsch-up - Tomatenmark ▶ **kétsch-áp** (ketchup)
Zahnstocher ▶ **túut pík** (tooth pick)
Aschenbecher ▶ **äsch tréy** (ash tray)

25

Die Bestellung ▶ de órder   (the order)
Zahlen! Bitte! ▶ ái want tu péy, plíys!   (I want to pay, please!)
Bitte die Rechnung! ▶ de tschék - bíll - plíys!(the check - bill - please!)
Ist die Bedienung inbegriffen?
   ▶ is de sórwis inklúded?   (is the service included?)
Das Trinkgeld ▶ de típ   (the tip)

Frühstück und Imbiss
   ▶ bréykfäst änd snák
(breakfast and snack)

Fruchtsäfte
   ▶ dschúuses   (juices)
Ananassaft ▶ páinäpl dschúus   (pineapple juice)
Apfelsaft ▶ äpl dschúus   (apple juice)
Apfelwein ▶ äpl-sáider   (apple cider)
Orangensaft ▶ órändsch dschúus   (orange juice)
Pampelmus-Grapefruit-Saft ▶ gréypfrut dschúus (grapefruit juice)
Tomatensaft ▶ tomáto dschúus   (tomato juice)
Traubensaft ▶ gréyp dschúus   (grape juice)
Zitronensaft - Limonade ▶ lámon dschúus - lámoneyd
                                    (lemon juice-lemonade)

Gebäck
   ▶ péystri   (pastry)
Brot ▶ bräd   (bread)
Weissbrot ▶ wáit bräd   (white bread)
Schwarzbrot ▶ dárk bräd   (dark bread)
Roggenbrot ▶ rái bräd   (rye bread)
Toastbrot ▶ tóost bräd   (toast bread)
Scheibe Brot ▶ ä sláis of bräd   (a slice of bread)
Semmel - Brötchen ▶ róol   (roll)
Biskuitkuchen ▶ spónsch kéyk   (sponge cake)
Butterbrot ▶ bräd wit bátter   (bread with butter)
Belegtes Brot ▶ sándwidsch   (sandwich)

Getreidespeisen
   ▶ síriäls
Haferbrei ▶ pórridsch - óot míyl   (porridge - oat meal)
Haferflocken ▶ óot fléyks   (oat flakes)

Griessgrütze ▶ gríts, semolína (grits, semolina)
Pfannkuchen ▶ pan-kéyk (pan-cake)
Ring-Pfannkuchen ▶ dóunat (doughnut)
Kornflocken ▶ kornfléyks (cornflakes)

Eier und Schinken
▶ ägs änd häm (eggs and ham)

ein Ei ▶ wóan äg (one egg)
zwei Eier ▶ túu ägs (two eggs)
gekochte Eier ▶ kúukd ägs (cooked eggs)
weichgekochte Eier ▶ soft bóild ägs (soft boiled eggs)
wieviel Minuten? ▶ háu mǎni mínits? (how many minutes?)
drei oder vier Minuten ▶ trí or fóor mínits (3 or 4 minutes)
Spiegeleier ▶ fráid ägs (fried eggs)
Eier mit Schinken ▶ häm änd ägs (ham and eggs)
Eier mit Speck ▶ ägs wit béykn (eggs with bacon)
Rühreier - Eierpeise ▶ skrämbld ägs (scrambled eggs)
Harte Eier ▶ hárd bóild ägs (hard boiled eggs)
Verlorenes Ei ▶ póodschd äg (poached egg)

Getränke
▶ béwärädsches (beverages)

Kaffee mit Milch ▶ kóffi wit milk (coffee with milk)
Schwarzer Kaffee ▶ bläk kóffi (black coffee)
Kleine Schale Kaffee ▶ ä smóol káp of kóffi (a small cup of coffee)
Löskaffee - Instantkaffee ▶ ínstent kóffi (instant coffee)
mit heissem Wasser ▶ wit hót wóter (with hot water)
Heisse Milch ▶ hót mílk (hot milk)
Tee mit Milch ▶ tíy wit mílk (tea with milk)
Tee mit Zitrone ▶ tíy wit lémon (tea with lemon)
Tee mit Rum ▶ tíy wit rám (tea with rum)
Pfefferminz Tee ▶ mínt tíy (mint tea)
Schokolade oder Kakao ▶ tschóklet or kokóa (chocolate or cocoa)
mit Schlagsahne - Schlagobers ▶ wit wípped kríym
(with whipped cream)
Joghurt ▶ jógurt (Yogurt)
Saure Milch ▶ sáur milk (sour milk)
Buttermilch ▶ bátter milk (butter milk)
Glas Wasser ▶ ä gláss of wóter (a glass of water)
Mineralwasser ▶ míneral wóter (mineral water)

Käse und Marmelade

► tschíys änd mármeläd   (cheese and marmalade)

Weisskäse ► wáit tschíys   (white cheese)
Holländischer Käse ► dátsch tschíys   (Dutch cheese)
Französischer Käse ► frändsch tschíys   (French cheese)
Schweizer Käse ► swiss tschíys   (Swiss cheese)
Schafkäse ► schíyp tschíys   (sheep cheese)
Quarkkäse - Topfen ► kótädsch tschíys   (cottage cheese)
Marmelade ► tschäm   (jam)
Honig ► háni   (honey)
Zucker ► schúger   (sugar)
Sacharin ► sákarin   (saccharin)

Eiskreme

► áis kríym   (ice cream)

verschiedene Arten ► dífferent fléywers   (different flavo-u-rs)
Fruchteis ► schärbet áis   (sherbet)
mit Schlagsahne ► wit wípd kríym   (with whipped cream)
Waffelröllchen ► tin rold wäfer   (thin rolled wafer)
Keks ► kräkers or kúkis   (crackers or cookies)

Diese Zusammenstellung von herkömmlichen Speisen soll als Führer für die **englisch** geschriebene Speisenkarte dienen. Die deutsche Übersetzung erscheint in Klammer nachgesetzt. Die Aussprache ist mit einem Pfeil bezeichnet.

ENGLISCH - DEUTSCH

The menu ▶ de ménju (Die Speisenkarte)

The list of beverages ▶ de líst of bäwerädsches (Die Getränkekarte)

The wine list ▶ de wáin líst (Die Weinkarte)

LUNCH ▶ lántsch (DAS MITTAGESSEN)
DINNER ▶ dínner (DAS ABENDESSEN)

Kellner, bitte bringen Sie mir die Speisenkarte
▶ wéyter, bring mi de ménju, plíys (waiter, bring me the menu please)

Gibt es ein fertiges Menu?
▶ is där ä fíxed ménju awéylebl? (is there a fixed menu available?)

Ich möchte bestellen
▶ ái want tu órder (I want to order)

Bitte bringen Sie mir die Getränkekarte
▶ bríng mi de líst of bäwerädsches, plíys

(bring me the list of beverages, please)

Das Gedeck ▶ de kówer (the cover)
Gedeckaufpreis ▶ kówer tschárdsch (cover charge)
Vorgericht ▶ först kórs (first course)
Hauptgericht ▶ méyn kórs (main course)
Beilagen ▶ sáplements-sáid dísches (supplements-side dishes)
Nachspeise ▶ dessért (dessert)

Soups ► súps (SUPPEN)

asparagus soup ► äspáragus súp (Spargelsuppe)
bean soup ► bíyn súp (Bohnensuppe)
broth ► bróod (Fleischbrühe)
cauliflower soup ► kóliflaur súp (Blumenkohlsuppe)
chicken soup ► tschíken súp (Hühnersuppe)
clear soup ► klíyr súp (Kraftbrühe)
consomé ► konsomé (Rindsuppe)
fish soup ► fisch súp (Fischsuppe)
mushroom soup ► máschrum súp (Champignonsuppe)
noodle soup ► núdl súp (Nudelsuppe)
oxtail soup ► óxteyl súp (Ochsenschwanzsuppe)
turtle soup ► törtl súp (Schildkrötensuppe)
pea soup ► píy súp (Erbsensuppe)
potato soup ► potéyto súp (Kartoffelsuppe)
ravioli soup ► rawióli súp (Raviolisuppe)
rice soup ► ráis súp (Reissuppe)
vegetable soup ► wädscheteybl súp (Gemüsesuppe)

Hors' d'oeuvre ► or-dówer (VORSPEISEN)

anchovies ► antschówis (Sardellen)
artichockes ► ártitschoks (Artischocken)
capers ► kéypers (Kapern)
caviar ► káwiar (Kaviar)
crab ► kräb (Krabben)
crayfish ► kréyfisch (Krebs)
lobster ► lóbster (Hummer)
olives ► óliws (Oliven)
onions ► ónions (Zwiebeln)
oysters ► óysters (Austern)
prawns ► práuns (Garnelen, englisch)
sardines ► sárdins (Sardinen)
shrimps ► schríms (Garnelen, amerikanisch)

Juices ► dschúuses (FRUCHTSÄFTE)

apple juice ► äppl dschúus (Apfelsaft)
apricot juice ► áprikot dschúus (Aprikosensaft)
grape juice ► gréyp dschúus (Traubensaft)

30

grapefruit juice ▶ gréypfrut dschúus (Pampelmussaft)
lemon juice ▶ lémon dschúus (Zitronensaft)
orange juice ▶ órändsch dschúus (Orangensaft)
pineapple juice ▶ páinäppl dschúus (Ananassaft)

Salads ▶ sálads (SALATE)

avocado salad ▶ awokádo sálad (Avokadosalat)
chicory salad ▶ tschíkory sálad (Zichoriensalat)
celery salad ▶ sélery sálad (Selleriesalat)
endive salad ▶ éndiw sálad (Endiviensalat)
green salad ▶ gríyn sálad (Grüner Salat)
lettuce salad ▶ létis sálad (Häuptelsalat)
mixed salad ▶ míxd sálad (Gemischter Salat)
potato salad ▶ potéyto sálad (Kartoffelsalat)
stuffed tomatoes ▶ stáfd tomátos (Gefüllte Tomaten)
tomato salad ▶ tomáto sálad (Tomatensalat)

Supplements ▶ sápplements (ZUSÄTZE)

condiment ▶ kóndiment (Würze)
curry ▶ kórry (Curry)
horseradish ▶ hórs-rádisch (Meerrettich - Kren)
ketch-up ▶ kétsch-áp (Ketsch-up) - Tomatenmark)
mustard ▶ másted (Senf)
oil ▶ óil (Öl)
pepper ▶ pépper (Pfeffer)
salt ▶ sólt (Salz)
sugar ▶ schúger (Zucker)
vinegar ▶ wíneger (Essig)

Omelets and pasta products ▶ ómlets änd pásta pródakts (OMLETTEN und TEIGWAREN)

asparagus omelet ▶ äspáragus ómlet (Spargelomelette)
dumpling ▶ dámpling (Klösse oder Knödel)
ham omelet ▶ häm ómlet (Schinkenomelette)
macaroni ▶ makaróni (Makkaroni)
mushroom omelet ▶ máshrum ómlet (Champignonomelette)
noodles ▶ núdls (Nudeln)
pizza ▶ píza (Pizza)
ravioli ▶ rawióli (Fleischtaschen)
shrimp omelet ▶ schrímp ómlet (Garnelenomelette)
spaghetti ▶ spagétti (Spaghetti)

Fish ▶ físch (FISCHE)

bass - sea perch ▶ báss - síy pértsch (Barsch)
carp ▶ kárp (Karpfen)
cod ▶ kód (Kabeljau)
dried cod ▶ dráid kód (Stockfisch)
crayfisch ▶ kréyfisch (Flusskrebs)
flounder ▶ fláunder (Buttfisch)
gold bream ▶ góld bríym (Goldbrasse)
haddock ▶ hádok (Schellfisch)
hake ▶ héyk (Seehecht)
herring ▶ héring (Hering)
mackerel ▶ mákerel (Makrele)
pike - freshwater ▶ páik-fréschwater (Flusshecht)
plaice ▶ pléys (Scholle)
salmon fish ▶ sálmon fisch (Lachs)
smoked salmon ▶ smóokd sálmon (Räucherlachs)
sword fish ▶ sóord fisch (Schwertfisch)
sole ▶ sóol (Seezunge)
filet of sole ▶ filé of sóol (Seezungenfilet)
trout ▶ tráut (Forelle)
tuna fisch ▶ tjúna fisch (Thunfisch)
turbot ▶ tárbot (Steinbutt)

Clams ▶ kläms (MUSCHELTIERE)

black mussels ▶ bläk mássels (Schwarzmuschel)
lóbster ▶ lóbster (Hummer)
oysters ▶ óysters (Austern)
prawns or shrimps ▶ práuns or schrímps (Garnelen)
scallops ▶ skálops (Kammuschel)

Meat ▶ míyt (FLEISCHSPEISEN)
beef and veal ▶ bíyf änd wíyl (Rind und Kalb)

braised beef ▶ bréysd bíyf (Rinderschmorbraten)
breaded veal cutlet ▶ bráded wíyl kátlet (Paniertes Schnitzel)
hungarian goulash ▶ hungárien gúlasch (Ungarisches Gulasch)
knuckle or shin of veal ▶ nákl or schín of wíyl (Kalbshaxe)
meat balls ▶ míyt bóls (Frikadellen - Fleischkugeln)
minced or chopped meat ▶ mínsd or tschópd míyt (Hackbraten)
ox meat ▶ óx míyt (Rindfleisch)

roastbeef ▶ róostbiyf (Rinderbraten aus der Röhre)
sirloin steak ▶ sőrloin stéyk (Lungenbraten)
steak ▶ stéyk (Rindsbraten, Grill oder Pfanne)
stewed meat ▶ stjúd míyt (Gedünstetes Fleisch)
sweet breads ▶ swíyt bräds (Kalbsbries)
tenderloin fillet steak ▶ ténderloin filét stéyk (Rindsfilet)
veal cutlet ▶ wíyl kátlet (Kalbsschnitzel)
veal meat ▶ wíyl míyt (Kalbfleisch)

pork ▶ pórk (Schweinfleisch)

leg of pork ▶ lég of pórk (Schweinskeule)
pork chop ▶ pórk tschóp (Schweinsrippchen)
pork cutlet ▶ pórk kátlet (Schweinskotelette)
pork loin ▶ pórk lóin (Schweinsrücken)
roast pork ▶ róost pórk (Schweinsbraten)
salt pork ▶ sóolt pórk (Pöckelfleisch)
streaky pork ▶ stríyky pórk (Bauchfleisch)
suckling pig ▶ sákling píg (Spanferkel)

lamb ▶ läm (Lammfleisch)

leg of lamb ▶ lég of läm (Lammkeule)
roast lamb ▶ róost läm (Lammbraten)
mutton ▶ máttn (Schaffleisch)

poultry and game ▶ páultry änd géym
(GEFLÜGEL und WILD)

barbecue ▶ bárbikju (Huhn am Rost gebraten)
chicken breast ▶ tschíken bräst (Hühnerbrust)
chicken fricassee ▶ tschíken frikassé (Hühner-Frikassee)
chicken in the basket ▶ tschíken in de básket (Huhn i.Korb, gebacken)
chicken leg ▶ tschíken lég (Hühnerkeule)
chicken livers ▶ tschíken líwers (Hühnerleber)
chicken stew ▶ tschíken stjú (Hühnerragout)
fried chicken ▶ fráid tschíken (Backhuhn)
roast chicken ▶ róost tschíken (Brathuhn)
giblet fricassee ▶ dschíblet frikassé (Hühnerklein)

duck   ák (Ente)
goose   ɟúus (Gans)

partridge ▶ pátridsch (Rebhuhn)
pheasant ▶ fássant (Fasan)
turkey ▶ tórki (Truthahn)

deer ▶ díyr (Rotwild)
hare ▶ här (Hase)
rabbit ▶ rábbit (Kaninchen)
stag ▶ stág (Hirsch)
venison ▶ wénisn (Reh)
wild boar ▶ wáild bóor (Wildschwein)

PREPARATION ▶ präparéyschn (ZUBEREITUNG)

baked ▶ béykd (gebacken, in der Röhre)
braised, ▶ bréysd (gedünstet)
browned, in the oven ▶ bráund, in de ówen (gratiniert)
buttered ▶ bátterd (in Butter geschmort)
coarse ▶ kórs (roh)
cooked ▶ kúkd (gekocht)
chopped ▶ tschópd (gehackt)
croquettes ▶ krókets (Puffer)
fried ▶ fráid (gebacken)
fried in breadcrumbs ▶ fráid in brádkrams (paniert)
grated ▶ gráted (gerieben)
gravy ▶ gréywi (Fleischsaft, Sauce)
grilled ▶ gríld (gegrillt, am Rost)
ground ▶ gráund (gemahlen)
hard ▶ hárd (hart)
home made ▶ hóom méyd (hausgemacht)
hunter's style ▶ hánters stáil (auf Jäger Art)
in the pan ▶ in de pán (in der Pfanne)
jellied ▶ dschéllid (gesulzt)
larded ▶ lárded (gespickt)
medium ▶ mídium (mittelmässig)
minced ▶ mínzd (gehackt)
on the skewer ▶ ón de skjúer (am Spiess)
pickled ▶ píkld (gepöckelt)
rare ▶ rär (wenig)
raw ▶ róu (roh)
roasted ▶ róosted (gebraten, geröstet)
salted ▶ sóolted (gesalzen)
smoked meat ▶ smóokd míyt (geräuchertes Fleisch)

soft ▶ sóft (weich)
sour ▶ sáuer (säuerlich)
stewed ▶ stjúd (gedämpft)
spiced ▶ spáisd (gewürzt)
stuffed ▶ stáfd (gefüllt)
sweetened ▶ swíytend (gesüsst)
tender ▶ ténder (zart)
well done ▶ wéll dán (gut durchgebraten)
underdone - rare ▶ ánderdan-rär (wenig gebraten)
mayonaise ▶ máyoneys (Mayonaise)
tartar sauce ▶ tártar sóss (Sosse Tartar)
sauce ▶ sóss (Sosse, Tunke)

sausages and smoked meat
▶ sóssädsches änd smóokd míyt
(WÜRSTE und GESELCHTES)

assorted cold cuts ▶ asórted kóld káts (kalte Platte)
fried sausages ▶ fráid sósädsches (Bratwürstchen)
black pudding ▶ bläk púddin (Blutwurst)
hot dogs ▶ hót dógs (gekochte Würstchen)
slice of bacon ▶ sláis of béykn (Speckschnitte)
smoked bacon ▶ smóokd béykn (geräucherter Speck)
smoked ham ▶ smóokd häm (geräucherter Schinken)
York ham ▶ yórk häm (gekochter Schinken)

organ meats ▶ órgan míyts (INNEREIEN)

brain ▶ bréyn (Hirn)
head ▶ häd (Kopf)
heart ▶ háart (Herz)
kídneys ▶ kídnis (Nieren)
liver ▶ líwer (Leber)
lungs ▶ lángs (Lunge)
tongue ▶ tóng (Zunge)
tripe ▶ tráip (Darm)

vegetables ▶ wádscheteybls (GEMÜSE)

artichokes ▶ ártitschoks (Artischocken)
asparagus ▶ äspáragus (Spargel)
beans ▶ bíyns (Bohnen)

beets ▶ bíyts (Rote Rübe, Bete)
Brussels sprouts ▶ brássels spráuts (Rosenkohl, Kohlsprossen)
cabbage ▶ kábidsch (Kraut)
white cabbage, fermented ▶ wáit kábidsch, ferménted (Sauerkraut)
carrots ▶ károts (Karotten)
caraway ▶ kárewey (Kümmel)
cauliflower ▶ kóliflaur (Blumenkohl)
celery ▶ sélery (Sellerie)
cucumbers ▶ kjúkambers (Gurken)
eggplant ▶ ággplänt (Aubergine)
garlic ▶ gárlik (Knoblauch)
gherkins ▶ gőrkins (kleine Gurken)
green beans ▶ gríyn bíyns (Schnittbohnen)
french-haricot beans ▶ fréntsch-háriko bíyns (geschnittene Bohnen)
kohlrabi ▶ kolrábi (Kohlrübe)
leek ▶ líyk (Lauch)
lentils ▶ léntils (Linsen)
mushrooms ▶ máschrúums (Champignon-Pilze)
onions ▶ ónions (Zwiebel)
parsley ▶ pársli (Petersilie)
peas ▶ píys (Erbsen)
pickled cabbage ▶ píkld kábidsch (Sauerkraut)
beets ▶ bíyts (Rote Rüben)
spinach ▶ spínätsch (Spinat)
squash ▶ squásch (Kürbis)
tomatoes ▶ tomátos (Tomaten)
truffles ▶ tráfls (Trüffel-Pilze)

potatoes ▶ potéytos **(KARTOFFELN)**
baked potatoes ▶ béykd potéytos (gebackene Kartoffeln)
boiled potatoes ▶ bóild potéytos (gekochte Kartoffeln)
french-fried potatoes ▶ fréntsch-fráid potéytos
                        (franz. gebratene Kartoffeln)
mashed potatoes ▶ máschd potéytos (Kartoffelpürree)
potato chips ▶ potéyto tschíps (Kartoffelscheiben, Puffer)
steamed potatoes ▶ stíymd potéytos (Dampfkartoffeln)
roast potatoes ▶ róost potéytos (Bratkartoffeln)
potatoes in the jacket-skin baked ▶ potéytos in de dscháket
                -skin béykd (Kartoffeln in der Schale gebraten)

desserts and fruits ▶ disörts and frúts
  (NACHSPEISEN und FRÜCHTE)

almonds ▶ álmonds (Mandeln)
apples ▶ äpls (Äpfel)
apricots ▶ áprikots (Aprikosen)
bananas ▶ banánas (Bananen)
bilberries ▶ bílberries (Heidelbeeren)
blackberries ▶ bláckberris (Schwarzbeeren)
blueberries ▶ blúberris (Blaubeeren)
cantaloupe ▶ kántalup (Zuckermelone)
cherries ▶ tschérris (Kirschen)
chestnuts ▶ tschéstnats (Kastanien)
cranberries ▶ kránberris (Preiselbeeren)
currents ▶ kárrents (Johannisbeeren)
dates ▶ déyts (Datteln)
figs ▶ fígs (Feigen)
grapefruit ▶ gréypfrut (Pampelmus-Grapefruit)
grapes ▶ gréyps (Trauben)
hazelnuts ▶ héysl-náts (Haselnüsse)
honeydew ▶ hánidju (Zuckermelone, grün)
huckleberries ▶ háklberris (Blaubeeren)
melon ▶ mélon (Melone)
muscatel grapes ▶ máskatel gréyps (Muskatel-Trauben)
nuts or walnuts ▶ náts or wólnats (Nüsse)
oranges ▶ órändsches (Orangen-Apfelsinen)
peaches ▶ píytsches (Pfirsiche)
peanuts ▶ píynats (Erdnüsse)
pistachio nuts ▶ pístetsch náts (Pistazien-Nüsse)
pears ▶ pärs (Birnen)
pine-apple ▶ páin äppl (Ananasfrucht)
plums ▶ pláms (Pflaumen)
quinces ▶ quínces (Kittenobst)
raisins ▶ réysins (Rosinen)
raspberries ▶ rásberris (Himbeeren)
strawberries ▶ stróuberris (Erdbeeren)
strawberries with whipped cream ▶ stróuberris wit wípd krïym
                                          (Erdbeeren mit Schlagsahne)
tangerines ▶ tándscherins (Mandarinen)
water melon ▶ wóter mélon (Wassermelone)

compotes ▶ kómpots (KOMPOTTE)

fruit compote or cocktail ▶ frut kómpot or kókteyl(Früchtenkompott)
fruit salad ▶ frut sálad (Fruchtsalat)
jelly and fruits ▶ dschélli änd fruts (Gelatine und Früchte)
mixed compote ▶ míxd kómpot (Gemischtes Kompott)

sweets and pastries ▶ swíyts and péystris
(SÜSSIGKEITEN und TORTEN)

apple pie ▶ äpl pái (Apfelkuchen)
apple cake ▶ äppl kéyk (Apfelkuchen)
cherry pie ▶ tschérri pái (Kirschenkuchen)
cream caramel ▶ kríym káramel (Caramelcreme)
crackers or cookies ▶ krákers or kúkis (Keks)
custard cream pudding ▶ kásted kríym púddin (Cremepudding)
doughnuts ▶ dóonats (Pfannkuchen-Ringe)
flaky pastry ▶ fláki péystri (Blätterteig)
marzipan ▶ mársipan (Marzipan)
pan cake ▶ pán kéyk (Pfannkuchen)
pudding ▶ púddin (Pudding)
puff pastry ▶ páff péystri (Blätterteig)
pumpkin pie ▶ pámpkin pái (Kürbiskuchen)
rusk ▶ rásk (Zwieback)
sweet biscuit ▶ swíyt bískit (Biskuit)
soufflé ▶ sufflé (Auflauf)
thin rolled wafer ▶ tín róold wáfer (Waffelröllchen)
vanilla ▶ wänílle (Vanille)

ice cream ▶ áis kríym (EISCREME)

different flavo-u-rs ▶ díferent fléywers (verschiedene Arten)
ice cream with whipped cream ▶ áis kríym wid wípd kríym
(Eiskreme mit Schlagsahne)
sherbet ▶ schárbet (Fruchteis, Gefrorenes)
sherbet with whipped cream ▶ schárbet wid wípd kríym
(Fruchteis mit Schlagsahne)

cheeses ▶ tschíyses (KÄSE)

cottage cheese ▶ kóttädsch tschíys (Rahmkäse)
curd cheese ▶körd tschíys (Quarkkäse)
cheese spread ▶ tschíys spräd (Streichkäse)

Dutch cheese ▶ dátsch tschíys (Holländischer Käse)
melted cheese ▶ mélted tschíys (Schmelzkäse)
sheep cheese ▶ schíyp tschíys (Schafkäse)
soft cheese ▶ sóft tschíys (Weichkäse)
Swiss cheese ▶ swiss tschíys (Schweizer Käse)
white cheese ▶ wáit tschíys (Weisskäse)

Alkoholische Getränke
▶ alkohólik drínks
(alcoholic drinks)

Ich möchte - ich hätte gerne ▶ ái want - ái wúd láik
(I want - I would like)
ein Glas ▶ ä glás (a glass)
ein Likörglas ▶ ä líker glás (a liqueur glass)
ein kleines Glas ▶ ä smóol glás (a small glass)
eine Flasche ▶ ä bóttl (a bottle)
Rotwein ▶ räd wáin (red wine)
Roséwein ▶ rosé wáin (Rosé wine or Claret)
Weisswein ▶ wáit wáin (white wine)
Wermut ▶ wérmut (vermouth)
herb (trocken) oder süss ▶ drái or swíyt (dry or sweet)
eine Flasche Bier ▶ ä bóttl of bíyr (a bottle of beer)
ein Glas Bier ▶ ä glás of bíyr (a glass of beer)
Fassbier ▶ dráft bíyr (draught beer)
dunkles Bier ▶ dárk bíyr (dark beer)
helles Bier ▶ péyl bíyr (pale beer)
Weissbier ▶ láit bíyr (light beer)
Ale, engl.Bier ▶ éyl (ale)
Whisky, rein - pur ▶ ä stréyt wíski (a straight whisky)
Whisky mit Eiswürfeln ▶ ä wíski wid áis or on de róks
(a whisky with ice or on the rocks)
Whisky mit Soda ▶ ä wíski wid sóda (a whisky with soda)
ein Glas Rum ▶ ä glás of rám (a glass of rum)
ein Glas Cognac ▶ ä glás of kónjak (a glass of cognac)
ein Glas Likör ▶ ä glás of líker (a glass of liqueur)
Schaumwein ▶ spárkling wáin (sparkling wine)

Rauchen und Musik

▶ smóoking änd mjúsik

(smoking and music)

Zigaretten ▶ sígarets (cigarettes)
Zigarren ▶ sigárs (cigars)
Pfeife ▶ páip (pipe)
Streichhölzer ▶ mắtsches (matches)
Feuerzeug ▶ láiter (lighter)
Aschenbecher ▶ ắschtrey (ash tray)
Musikkapelle ▶ ä bänd of mjusíschns (a band of musicians)
Plattenspieler ▶ ä rékord pléyer (a record player)
Schallplatte ▶ ä rékord (a record)
Magnetband ▶ ä rikórding téyp (a recording tape)
Radioapparat ▶ ä rédio or wáirless set (a radio or wireless set)
Fernsehapparat ▶ ä télewischn sét (a television set)
laut oder lärmend ▶ láud or nóisi (loud or noisy)
leise oder sanft ▶ lóo or dschäntl (low or gentle)
schwarz und weiss ▶ bläk änd wáit (black and white)
in Farben ▶ in kóler (in colo-u-r)

Farben

▶ kólers

(colo-u-rs)

beige ▶ béysch (beige)
blau ▶ blú (blue)
braun ▶ bráun (brown)
gelb ▶ jélloo (yellow)
gold ▶ góold (gold)
grau ▶ gréy (gray)
grün ▶ gríyn (green)
karminrot ▶ kármain (carmine)
orange ▶ órändsch (orange)
purpur ▶ pőrpl (purple)
rosa ▶ pínk (pink)
rot ▶ räd (red)
silber ▶ sílwer (silver)
schwarz ▶ bläk (black)
weiss ▶ wáit (white)
violett oder lila ▶ wàiolet or làilak (violet or lilac)

ein wenig dünkler ▶ ä litl dárker (a little darker)
ein wenig heller ▶ ä litl láiter (a little lighter)
Mitteltöne ▶ schéyd of kóler (shade of colo-u-r)
mehrfärbig ▶ múlti kólerd (multi colo-u-red)

Lesen, Schreiben, Spiele
▶ ríyding, ráiting, pléying
(reading, writing, playing)

Spielkarten ▶ pléying kárds (playing cards)
Schachspiel ▶ géym of tschäss (game of chess)
Schachbrett ▶ tschäss bord (chess board)
Schachfigur ▶ tschäss män (chess man)
Schach-Matt! ▶ tschäk - méyt! (check-mate!)
Würfel ▶ dái (die)
Dominospiel ▶ géym of dóminos (game of dominoes)
Damespiel ▶ tschékers (checkers)
Kreuzworträtsel ▶ krósswörd pássl (crossword puzzle)
Lesen ▶ ríyding (reading)
Schreiben ▶ ráiting (writing)
Papier ▶ péyper (paper)
Brief ▶ létter (letter)
Briefpapier ▶ ráiting péyper (writing paper)
Postkarte ▶ póostkard (postcard)
Briefumschlag ▶ énwelop (envelope)
Tinte ▶ ínk (ink)
Federstiel ▶ pén hólder (pen holder)
Kugelschreiber ▶ bóolpoint (ballpoint)
Bleistift ▶ pénsl (pencil)
Radiergummi ▶ äréyser (eraser)
Kopierpapier ▶ kópi péyper (copy paper)
Schreibheft ▶ kópi búuk (copy book)
Schreibmaschine ▶ táip-ráiter (typewriter)
Farbband ▶ táip-ráiter ríbbn (typewriter ribbon)
Briefmarke ▶ stämp (stamp)
Briefporto ▶ póstätsch for létter (postage for letter)
Luftpost ▶ är méyl (air mail)
Normale Post ▶ régjular - órdinäri méyl (regular - ordinary mail)

Post, Telegraf, Telefon-Amt

▶ póst, télegraf, télefon - óffis
(post, telegraph, telephone-office)

Briefmarken ▶ stämps (stamps)
für das Ausland ▶ tu foréyn kántrys (to foreign countries)
für Übersee ▶ tu ówersiys (to overseas)
für das Inland ▶ tu de intírior (to the interior)
Inlandspost ▶ doméstik méyl (domestic mail)
ein Brief ▶ ä létter (a letter)
eine Postkarte ▶ ä póostkard (a postcard)
Luftpost-Kartenbrief ▶ än ärogramm (an aerogramme)
Luftpostbrief ▶ än ármeyl létter (an airmail letter)
Briefkasten ▶ de méyl -poost- box (the mail - post - box)
Eingeschrieben ▶ rädschisterd (registered)
Bescheinigt ▶ sórtifaid (certified)
Bitte deutlich schreiben ▶ plíys ráit klíyrli (please write clearly)
Bitte in Blockbuchstaben schreiben ▶ plíys ráit in blók - print-létter
(please, write in block-print-letter)
Absender ▶ sénder (sender)
Empfänger ▶ resíywer (receiver)
Anschrift ▶ ádress (address)
Bestimmungsort ▶ destinéyschn (destination)
Strasse ▶ stríyt (street)
Land ▶ kántri (country)
Postleitzahl ▶ kód - síp - námber (code - zip - number)
Postschliessfach ▶ P.O. Box-námber (P.O. Box-number)
Postlagernd ▶ póost restánt (poste restante - post to be called for...)
Eilbrief ▶ exprész - späschl delíweri (express - special delivery)
Briefträger ▶ póost - méyl - män (post - mail - man)
Drucksache ▶ prínted mátter (printed matter)
Warenprobe ▶ sämpl (sample)
Postpaket ▶ pársel póost (parcel post)
Postnachnahme ▶ si-o-di "käsch on delíweri" (C.O.D.)
Telegramm ▶ télegramm - wáir - kéybl (telegram - wire - cable)
jedes Wort ▶ íytsch wörd (each word)
dringend ▶ órdschent (urgent)
Nachttelegramm ▶ náit-létter - wáir (night letter - wire)

Fernsprecher ▶ télefon   (telephone)
Gespräch ▶ kóol   (call)
Ich möchte anrufen nach .... ▶ ái want tu méyk ä kóol tu .....
(I want to make a call to....)

Das ist die Nummer..... ▶ dis is de námber (this is the number)
Die Linie ist besetz ▶ de láin is bísi - ókjupaid (the line is busy-occupied)
In welcher Zelle kann ich sprechen? ▶ wítsch búut kän ái jús?
(which booth can I use?)

Ich habe beendigt ▶ ái häw fínischd   (I have finished)
Was schulde ich? ▶ háu mátsch du ái óu ju? (how much do I owe you?)

Einfache Gespräche
▶ íysi - simpl - konwerséyschns
(easy - simpl - conversations)

Heute ist ein Feiertag
▶ tudéy wi häw ä hólidey   (today we have a holiday)
Heute nachts gibt es Musik und Tanz
▶ tunáit där is mjúsik änd dánsing (tonight there is music and dancing)

Heute gibt es ein Fussballspiel
▶ där is ä fútbol géym tudéy   (there is a football game today)

Heute gibt es einen Boxkampf
▶ där is ä bóxing mätsch – (fáit) tudéy
(there is a boxing match – (fight) today)

Das Wetter ▶ de wåter   (the weather)
Heute haben wir ein schönes Wetter
▶ tudéy wi häw gúud wåter   (today we have good weather)
Heute haben wir einen schönen Tag
▶ tudéy wi häw ä náis déy   (today we have a nice day)
Heute ist es sehr warm
▶ it is wéry worm tudéy   (it is very warm today)
Heute ist es sehr kalt
▶ it is wéry kóold tudéy   (it is very cold today)
Heute regnet es ▶ it is réyning tudéy (it is raining today)
Sonnenaufgang ▶ sánrais (sunrise)
Sonnenuntergang ▶ sánset (sunset)
Wetterbericht ▶ wåder ripórt (weather report)

43

Wettervorhersage ▶ wắder fórkast (weather forecast)
Schönwetter ▶ fär wắder (fair weather)
Klarer Himmel ▶ klíyr skái (clear sky)
Wolkenlos oder sonnig ▶ kláudles or sánni (cloudless or sunny)
Bewölkt ▶ kláudi (cloudy)
Nebelig ▶ fógi (foggy)
Regen ▶ réyn (rain)
Regenguss ▶ réyn scháuer (rain shower)
Sturm ▶ storm (storm)
Gewitter ▶ tánder storm (thunder storm)
Blitz ▶ fläsch of láitning (flash of lightning)
Donner ▶ tánder (thunder)
Hagel ▶ héyl (hail)
Wind ▶ wind (wind)
Orkan ▶ hốrikän (hurricane)
Schneefall ▶ snóoing (snowing)
Lawine ▶ ắwalantsch (avalanche)
Schlüpfrig ▶ slípery (slippery)
Frostig ▶ frósty (frosty)
Vereist ▶ gléysd (glazed frost)
Verschneit ▶ snóud ánder (snowed under)

Die Uhr und die Zeit

▶ de klók änd de táim
(the clock and the time)

Zeit ▶ táim (time)
Stunde - Uhr ▶ áuer (hour)
Wieviel Uhr ist es? ▶ wót táim is it? (what time is it?)
Es ist ein Uhr ▶ it is wóan o-klók (it is one o-clock)
Uhrzeiten ▶ télling táim of áuers - déy (telling time of hours - day)
Erklärung: in den englisch sprechenden Ländern wird die Zeit
meistens ab 12 Uhr Mitternacht mit "a.m." und die Zeit ab
12 Uhr Mittag mit "p.m." bezeichnet. Es sind Bestrebungen im Gange
diese Stunden wie allgemein üblich von 1 bis 24 Uhr zu bezeichnen.

1 Uhr nachts ▶ wóan é-äm (1.a.m.)
2 Uhr nachts ▶ túu é-äm (2 a.m.)
3 Uhr nachts ▶ tríy é-äm (3 a.m.)
4 Uhr früh ▶ fóor é-äm (4 a.m.)

5 Uhr früh ▶ fáif é-äm (5 a.m.)
6 Uhr früh ▶ six é-äm (6 a.m.)
7 Uhr früh ▶ sáwen é-äm (7 a.m.)
8 Uhr früh ▶ éyt é-äm (8 a.m.)
9 Uhr früh ▶ náin é-äm (9 a.m.)
10 Uhr vorm. ▶ tän é-äm (10 a.m.)
11 Uhr vorm. ▶ iläwn é-äm (11 a.m.)
12 Uhr mittags ▶ twelf é-äm (12 a.m.)

13 Uhr nachm. ▶ wóan pi-äm (1 p.m.)
14 Uhr nachm. ▶ túu pi-äm (2 p.m.)
15 Uhr nachm. ▶ tríy pi-äm (3 p.m.)
16 Uhr nachm. ▶ fóor pi-äm (4 p.m.)
17 Uhr nachm. ▶ fáif pi-äm (5 p.m.)
18 Uhr abends ▶ six pi-äm (6 p.m.)
19 Uhr abends ▶ sáwen-pi-äm (7 p.m.)
20 Uhr nachts ▶ éyt pi-äm (8 p.m.)
21 Uhr nachts ▶ náin pi-äm (9 p.m.)
22 Uhr nachts ▶ tän pi-äm (10 p.m.)
23 Uhr nachts ▶ iläwn pi-äm (11 p.m.)
24 Uhr nachts ▶ twelf pi-äm (12 p.m.)

die Uhr ▶ de wótsch (the watch)
die Armbanduhr ▶ de rist wótsch (the wrist watch)
die Wanduhr - Turmuhr ▶ de klók (the clock)
die Weckeruhr ▶ de alárm klók (the alarm clock)
der Zeiger ▶ de händ (the hand)
die Minute ▶ de mínit (the minute)
die Sekunde ▶ de sékond (the second)
der Uhrmacher ▶ de wótsch méyker (the watch maker)

Die Tage der Woche ▶ de déys of de wíyk (the days of the week)

Montag ▶ móndey (monday)
Dienstag ▶ tjúsdey (tuesday)
Mittwoch ▶ wénsdey (wednesday)
Donnerstag ▶ tőrsdey (thursday)
Freitag ▶ fráidey (friday)
Samstag ▶ sáterdey (saturday)
Sonntag ▶ sándey (sunday)

45

Die Monate des Jahres ▶ de mónts of de jíyr (the months of the year)

Januar ▶ dschánuari (January)
Februar ▶ fébruari (February)
März ▶ mártsch (March)
April ▶ éypril (April)
Mai ▶ méy (May)
Juni ▶ dschún (June)
Juli ▶ dschulái (July)
August ▶ ógost (August)
September ▶ septémber (September)
Oktober ▶ október (October)
November ▶ nowémber (November)
Dezember ▶ disémber (December)

Die Jahreszeiten ▶ de síysns of de jíyr (the seasons of the year)

Frühling ▶ spring (spring)
Sommer ▶ sámmer (summer)
Herbst ▶ óotom (autumn)
Winter ▶ wínter (winter)

Besichtigungen

▶ sáitsíying
(sightseeing)

Wann gibt es einen Bus in die Stadt?
▶ wän is där ä bás tu de síti? (when is there a bus to the city?)
Bitte, bestellen Sie ein Taxi für mich
▶ plíys kóol ä táxi for mi (please call a taxi for me)
Für eine Fahrt nach ...... ▶ for ä ráid tu .... (for a ride to .....)
Was kostet die Fahrt? ▶ háu mátsch is de fär tu ...?
(how much is the fare to...?)

Wo kann ich einen Stadtplan bekommen?
▶ wär kän ái gät ä máp of de síti?(where can I get a map of the city?)

Was gibt es Interessantes hier?
▶ wót is där of ínterest-híyr? (what is there of interest-here?)
Wo befindet sich die Kathedrale (Kirche) dieser Stadt?
▶ wär is de katídral (tschörtsch) of de siti?
(where is de cathedral (church) of the city?)

Ich möchte ein Museum besuchen
▶ ai wúd láik tu wísit ä mjusíum (I would like to visit a museum)

Wann ist es geöffnet?
▶ wän is it óopen? (when is it open?)

Gibt es einen deutschen Führer?
▶ is där ä gáid for spíyking dschórmen?
(is there a guide for speaking German?)

Können Sie mir bitte Auskunft geben?
▶ kúd ju tell mi plíys? (could you tell me please?)

Ich möchte einen Ausflug machen
▶ ái want to go on än exkörschn (I want to go on an excursion)

Können Sie mir etwas raten?
▶ kúd ju adwáis mi? (could you advise me?)

Kann man hier die Karten bestellen?
▶ méy ái órder de tíkets híyr? (may I order the tickets here?)

Wieviel kostet das für eine Person?
▶ hau mátsch is it for íytsch pörsn?(how much is it for each person?)

Einkäufe

▶ schópping
(shopping)

Geschenkartikel
▶ súwenirs änd gift ártikels (souvenirs and gift articles)

Ich suche ein Geschenk für.... ▶ ai äm lúking for ä gift for......

eine Dame ▶ ä léydi (a lady) (I am looking for a gift for......)
eine Frau ▶ ä wúmen (a woman)
ein Herr ▶ ä dschántlmän (a gentleman)
ein Mann ▶ ä män (a man)
ein Kind ▶ ä tscháild (a child)
ein Knabe ▶ ä bói (a boy)
ein grosser Junge ▶ ä big bói (a big boy)
ein junger Mann ▶ ä tíyn-éydscher (a teenager)
ein kleines Mädchen ▶ ä lítl görl (a little girl)
ein grosses Mädchen ▶ ä big görl (a big girl)
ein junges Fräulein ▶ ä tíyn-éydscher (a teenager)
ein Fräulein ▶ ä jong léydi or ä miss (a young lady or a miss)

47

Armband ▶ bráslet (bracelet)
Armbanduhr ▶ rístwotsch (wristwatch)
Ohrgehänge ▶ íyr-rings (earrings)
Perlenkette ▶ string of pärls (string of pearls)
Ring ▶ ring (ring)
geschnitzte Figur ▶ kárfd fíger (carved figure)
Holz, Elfenbein, Keramik ▶ wúud, áiwori, serámik (wood, ivory, ceramic)
Malerei ▶ péynting (painting)
Gold ▶ góuld (gold)
Silber ▶ sílwer (silver)
Was ist der Preis? ▶ wót is de práis? (what is the price?)
Wieviel kostet es? ▶ háu mátsch das it kóst? (how much does it cost?)
Das gefällt mir ▶ ái láik dis (I like this)
Das gefällt mir nicht ▶ ái du not láik it (I do not like it)
Gut, ich nehme das ▶ o-kéy, ái will téyk dis (OK., I will take this)
Ich benötige eine Rechnung, bitte ▶ ái níyd ä bill, plíys
(I need a bill, please)
Bitte packen Sie das gut ein ▶ plíys rap it wäll (please wrap it well)
Kassa, bezahlen ▶ käsch, péy däsk (cash, pay desk)

Im Modeladen

▶ in de fäschn schop
(in the fashion shop)

Herrenbekleidung ▶ mäns schop (men's shop)
Ich wünsche, ich suche ▶ ái want, ái äm lúking for (I want, I am looking for)
für einen Mann ▶ for ä män (for a man)
die Grösse ist ▶ de sáis is (the size is)
Hemd ▶ schört (shirt)
Unterwäsche ▶ ánderwär (underwear)
Unterhosen ▶ ánder pänts (underpants)
Socken ▶ sóks (socks)
Herrenanzug ▶ ä mäns súut (a man's suit)
hell oder dunkel ▶ lait or dárker kóler (light or darker colo-u-r)
Hose ▶ ä pär of tráusers or pänts (a pair of trousers or pants)
Hose, einfach ▶ sláks (slacks)
blaue Jeans-Hose ▶ blú dschíyns (blue jeans)
kurze Hose ▶ schórts (shorts)
Hosenriemen ▶ belt (belt)

Hosenträger ▶ saspénders-bréyses (suspender-braces)
Herrenrock ▶ dschåket (jacket)
Herrenweste ▶ west (vest)
Wolljacke ▶ púllower (pullover)
mit langen Ärmeln ▶ wit long slíyws (with long sleeves)
ohne Ärmeln ▶ witáut slíyws (without sleeves)
mit kurzen Ärmeln ▶ wit schort slíyws (with short sleeves)
mit Knöpfen ▶ wit báttns (with buttons)
mit Reissverschluss ▶ wit sípper-fásener (with zipper-fastener)
Überrock - Mantel ▶ ówerkoot (overcoat)
Hut ▶ hät (hat)
Kappe ▶ käp (cap)
Handschuhe ▶ glaws (gloves)
Halstuch ▶ skarf (scarf)
eine schöne Krawatte ▶ ä náis náktai (a nice necktie)
ein Paar Schuhe ▶ ä pär of schúus (a pair of shoes)
ein Paar Sandalen ▶ ä pär of sándals (a pair of sandals)
hohe Schuhe - Stiefel ▶ búuts (boots)
Gummischuhe ▶ rábber búuts (rubber boots)
Hausschuhe ▶ slípers (slippers)
schwarz oder braun ▶ bläk or braun (black or brown)
die Schuhnummer ist ▶ de sáis of de schúus is (the size of the shoes is)
diese Schuhe sind zu gross ▶ diys schúus ar túu big
(these shoes are too big)
diese Schuhe sind zu eng ▶ díys schúus ar túu nárroo
(these shoes are too narrow)
wie in der Auslage ▶ láik in de wíndoo (like in the window)
diese Schuhe sind mir recht ▶ tíys schúus ar rait for mi
(these shoes are right for me)
Was kostet das? ▶ háu matsch is it? (how much is it?)

Für die Dame ▶ for de léydi (for the lady)
Ich suche ein leichtes Kleid ▶ ái äm lúking for ä láit dress
(I am looking for a light dress)
ein Abendkleid ▶ ä full dress - än íwning gáun
(a full dress - an evening gown)
die Grösse ist ▶ de sáis is (the size is)
eine Bluse ▶ ä bláus (a blouse)
eine Schoss - Damenrock ▶ ä skört (a skirt)

eine lange Hose ▶ ä pär of sláks or tráusers (a pair of slacks or trousers)
ein Pullover ▶ ä nítted púlower   (a knitted pullover)
eine gestrickte Wolljacke ▶ ä kárdigan   (a cardigan)
schrumpffest ▶ sánforaisd or no schrínking (sanforized or no shrinking)
knitterfest ▶ non rínkling or rínkling resístent
                          (non wrinkling or wrinkling resistant)
eine Lederjacke ▶ ä láder dschäket   (a leather jacket)
einen Ledermantel ▶ ä láder ówerkoot   (a leather overcoat)
ein Halstuch ▶ ä skarf   (a scarf)
ein Kopftuch ▶ ä kárschif   (a kerchief)
ein Umhängtuch ▶ ä lárdsch klóok   (a large cloak)
ein Taschentuch ▶ ä hänkerdschif   (a handkerchief)
ein Paar Handschuhe ▶ ä pär of gláws   (a pair of gloves)
eine Handtasche ▶ ä händ bäg   (a hand-bag)
ein Hemd ▶ ä schört   (a shirt)
ein Nachthemd ▶ ä náit gaun   (a night gown)
Unterwäsche ▶ ánderwär   (underwear)
Büstenhalter ▶ brasiér   (brassière)
Unterhose - Schlüpfer ▶ päntis -   (panties)
Gürtel ▶ gördl (girdle)
Pyjama ▶ pedschámas   (pajamas)
Schlafrock ▶ dréssing gáun - bátroob   (dressing gown - bathrobe)
lange Strümpfe ▶ stókings (stockings)
Strumpfhose ▶ táits (tights)
kurze Strümpfe ▶ sóks (socks)
ein Paar Schuhe ▶ ä pär of shúus   (a pair of shoes)
leichte Schuhe ▶ láit schúus   (light shoes)
Tanzschuhe ▶ pámps (pumps)
Sandalen ▶ sándals (sandals)
Stiefel ▶ búuts (boots)
hohe Stiefel ▶ hái búuts (high boots)
wie in der Auslage ▶ láik in de wíndoo (like in the window)
die Grösse ist ▶ de sáis is (the size is)
was kosten diese? ▶ háu matsch ar déy? (how much are they?)

Für den Strand ▶ for de bíydsch (for the beach)
Badeanzug ▶ báting suut (bathing suit)
Badehosen ▶ báting dráuers (bathing drawers)
Badehosen ▶ swim tránks (swim trunks)

Hut ▶ hät (hat)

Badeschuhe ▶ báting schúus (bathing shoes)
Badehaube ▶ báting käp (bathing cap)
Badehandtuch ▶ bát táuel (bath towel)
Sonnengläser ▶ sán glásses (sun glasses)
Sonnen Schutzkreme ▶ sánbörn protäkschn kríym
(sun-burn protection cream)
Sonnenkreme ▶ sántän lóschn (suntan lotion)

Für den Regen ▶ for de réyn (for the rain)

Regenmantel ▶ réyn kóot (rain coat)
Regenschirm ▶ ambrélla (umbrella)
Überrock ▶ ówer kóot (over coat)
Kappe - Haube ▶ käp (cap)
Überschuhe ▶ ówer schúus (over shoes)

Im Frisiersalon
▶ ät de härdresser
(at the hair dresser)

Herrenfriseur ▶ bárberschop (barber shop)
Rasieren ▶ schéywing (shaving) ▶ ä schéyw (a shave)
Haare schneiden ▶ ä här kát (a hair cut)
Bart stutzen ▶ bíyrd trímming (beard trimming)
Bart-Koteletten ▶ sáid börns (side burns)
Schnurrbart ▶ mástätsch (mustache)
Glatze ▶ bóold - häd (bald head)
Haarschuppen ▶ dändraf (dandruff)
kurz ▶ schort (short)
mittelmässig ▶ mídium (medium)
lang ▶ long (long)
mit der Schere ▶ wid de síssers (with the scissors)
mit der Maschine ▶ wid de här-klípper (with the hair clipper)
mit dem Rasiermesser ▶ wid de réyser (with the razor)
Kopfwaschen ▶ här wósching or schampúing
(hair washing or shampooing)

Maniküren - Handpflege ▶ mänikjur
(manicure)

Damenfriseur ► hårdresser for léydis (hair dresser for ladies)
Haarwaschen ► här wósching or schampúing (hair washing or shampooing)
Haarschneiden ► här kat (hair cut)
Haare stutzen ► här trímming (hair trimming)
Dauerwellen ► pérmanent wéyws (permanent waves)
Haare färben ► här tínting (hair tinting)
Haare entfärben ► här dikóloring (hair decolo-u-ring)
Haare frisieren ► här drässing (hair dressing)
Haare trocknen ► här dráying (hair drying)
Haarspange ► bóbbi pin (bobby pin)
Haarnadel ► här pin (hair pin)
Haarwasser ► här lóoschn (hair lotion)
Perücke herrichten ► wig fíxing (wig fixing)
Augenbrauen ► ái bráus (eye brows)
Augenwimpern ► ái läsches (eye lashes)
Augenlider ► ái líyds (eye lids)
Schminken ► méyk-ap (make-up)
Maniküren - Handpflege ► mänikjur (manicure)
Pediküren - Fusspflege ► pédikjur (pedicure)
Hühnerauge ► kórn (corn)
Bürste ► brásch (brush)
Kamm ► kóom (comb)
Spiegel ► mírrer (mirror)
Schere ► síssers (scissors)
Nagelfeile ► néyl fáil (nail file)
Hautschere ► kjútikl síssers (cuticle scissors)

Schuhreparatur
► schúu-ripár schop
(shoe-repairshop)

Schuhwerk ► fúut gíyr (foot gear)
Schuhe ► schúus (shoes)
Stiefel ► búuts (boots)
Hausschuhe ► slíppers (slippers)
Absätze richten ► híyl ripár (heel repair)
Lederabsätze ► läder híyls (leather heels)
Gummiabsätze ► rábber híyls (rubber heels)
Schuhsohlen erneuern ► ripár of de sóols (repair of the soles)

nähen ▶ súuing (sewing)
nageln ▶ néyling (nailing)
Schuhbänder ▶ léyses (laces)
Schuhpasta ▶ schúu kríym or pólisch (shoe cream or polish)
Schuhbürste ▶ schúu brásch (shoe brush)
Schuhputzer ▶ schúu pólischer (shoe polisher)
Schuhlöffel ▶ schúu hórn (shoe horn)

Schneider und Reinigung

▶ téyler änd klíyning
(tailor and cleaning)

Fertiger Anzug ▶ súut of klóots (suit of clothes)
Anzug nach Mass ▶ téyler méyd súut (tailor-made suit)
Herrenrock ▶ mäns dschäket (men's jacket)
Herrenweste ▶ wéystkoot (waistcoat)
lange Hosen ▶ tráusers or pänts (trousers or pants)
kurze Hosen ▶ schórts (shorts)
Arbeitshosen ▶ sláks (slacks)
Überrock ▶ top kóot or träntsch kóot (top coat or trench coat)
Mantel ▶ ówer kóot (over coat)
Regenmantel ▶ réyn kóot (rain coat)
Frauenrock - Schoss ▶ skört (skirt)
Frauenkleid ▶ dréss (dress)
Bluse ▶ bláus (blouse)

ausbessern ▶ ripáring or mánding (repairing or mending)
zerrissen ▶ torn (torn)
nähen ▶ súuing or stítsching (sewing or stitching)
reinigen ▶ klíyning (cleaning)
chemisch reinigen ▶ drái klíyning (dry cleaning)
bügeln ▶ áironing (ironing)
Schmutzfleck ▶ dört or spot of dört (dirt or spot of dirt)
Kleiderbürste ▶ klóot brásch (cloth brush)
Nadel ▶ níydl (needle)
Schere ▶ síssers (scissors)
Sicherheitsnadel ▶ séyfti pin (safety pin)
Stecknadel ▶ pin (pin)
Zwirn ▶ träd (thread)
Reissverschluss ▶ sípper–fásener (zipper-fastener)

Apotheke und Drogerie

▶ fármasi änd drágstor
(pharmacy and drugstore)

Rezept ▶ präskrípschn (prescription)
Arznei ▶ medikéyschn (medication)
Salbe ▶ óintment (ointment)
Mittel gegen .... ▶ rémedy for .... (remedy for ....)
Durchfall ▶ daiería (diarrhoea)
Abführmittel ▶ láxatiw (laxative)
Verstopfung ▶ konstipéyschn (constipation)
Schlaflosigkeit ▶ slíyplisness — insómnia (sleeplessness-insomnia)
Kopfschmerzen ▶ häd éyk (head ache)
Tabletten oder Pillen ▶ táblets or pílls (tablets or pills)
Wunde oder Schnitt ▶ wúnd or kát (wound or cut)
Blutung ▶ blíyding (bleeding)
Verbrennung ▶ börn (burn)
Bruch ▶ fráktscher (fracture)
Verband ▶ bǎndidsch (bandage)
Watte ▶ kóttn (cotton)
Heftpflaster ▶ bänd éyd (band aid)
eingipsen ▶ plásterd (plastered) ▶ pláster kást (plaster cast)
Klammer ▶ klásp (clasp)
Injektionsspritze ▶ síríndsch (syringe)
Ampulle ▶ wáial (vial)
Thermometer ▶ tärmómiter (thermometer)
Zahnpasta ▶ túut péyst (tooth paste)
Zahnbürste ▶ túut brásch (tooth brush)
Mundwasser ▶ máud wósch (mouth wash)
Seife ▶ sóop (soap)
Waschpulver ▶ ditördschent (detergent)
Haarwasser ▶ här lóoschn (hair lotion)
Haarsprüher ▶ här sprey (hair spray)
Kamm ▶ kóom (comb)
Haarbürste ▶ här brásch (hair brush)
Haarspange ▶ här pín (hair pin)
Haarnadel ▶ bóbbi pín (bobby pin)
Lockenwickler ▶ kǒrler (curler)
Haarfärbemittel ▶ här dái (hair dye)
Haarfestiger ▶ här fíxer (hair fixer)
Nagellack ▶ néyl pólisch (nail polish)

Nagelbürste ▶ néyl brásch   (nail brush)
Nagelfeile ▶ néyl fáil   (nail file)
Destilliertes Wasser ▶ distíld wóter   (distilled water)
Reiner Alkohol ▶ pjúr álkohol   (pure alcohol)
Jod ▶ aiodáin   (iodine)
Gesichtspuder ▶ féys páuder   (face powder)
Lippenstift ▶ líp stik   (lip stick)
Kölnisch Wasser ▶ kolón wóter   (Cologne water)
Parfume ▶ pérfjum   (perfume)
Papier Taschentücher ▶ péyper hånkertschifs(paper handkerchiefs)
Papiertücher ▶ tísjus   (tissues)
Spiegel ▶ mírrer   (mirror)
Rasierapparat ▶ séyfti réyser   (safety razor)
Elektrischer Rasierapparat▶ eléktrik schéywer   (electric shaver)
Rasierpinsel ▶ schéywing brásch   (shaving brush)
Rasierklinge ▶ réyser bléyd   (razor blade)
Rasiermesser ▶ réyser   (razor)
Rasierseife ▶ schéywing sóop   (shaving soap)
Rasierkreme ▶ schéywing kríym   (shaving cream)
Rasierwasser ▶ schéywing lóschn   (shaving lotion)

Arzt und Krankenhaus

▶ fisíschn ånd hóspitl
(physician and hospital)

Allgemeiner Arzt ▶ dschéneral praktíschioner (general practitioner)
Chirurg ▶ sördschn   (surgeon)
Spezialarzt ▶ spésialist   (specialist)
Krankenhaus ▶ hóspitl ånd klínik   (hospital and clinic)
Hilfsstation ▶ först éyd stéyschn   (first aid station)
Dringende Hilfe ▶ ördschent sörwis   (urgent service)
Krankenwagen ▶ ámbulans   (ambulance)
Ich habe Schmerzen ▶ ái häw péyns   (I have pains)
Es schmerzt mich hier ▶ ít hörts mi híyr   (it hurts me here)
Wo? - Hier! ▶ wär? - híyr!   (where? - here!)

Augen ▶ áis   (eyes)
Augenarzt ▶ ókjulist   (oculist)
Augengläser ▶ ái-glásses   (eye-glasses)
Asthma ▶ ásma   (asthma)
Bauch ▶ bålli   (belly)
Blutdruck ▶ blád präscher   (blood pressure)

55

Blutung ▶ blíyding - hǽmorredsch (bleeding - hemorrhage)
Bronchitis ▶ bronkáitis (bronchitis)
Bruch ▶ fráktscher (fracture)
Därme ▶ intéstins or báuels (intestines or bowels)
Darmentzündung ▶ inflaméyschn of de báuels (inflamation of the
Durchfall ▶ daiería (diarrhoea)   bowels)
Ellbogen ▶ álboo (elbow)
Eiternde Wunde ▶ pjúrulent wúund (purulent wound)
Fieber ▶ fíywer (fever)
Fuss ▶ fúut (foot)
Fusszehe ▶ tóu (toe)
Gallenblase ▶ góol bládder (gall-bladder)
Hals - Kehle ▶ näk - tróot (neck - throat)
Hand ▶ händ (hand)
Handgelenk ▶ ríst (wrist)
Haut ▶ skín (skin)
Herz ▶ hárt (heart)
Herzanfall ▶ hárt atták (heart attack)
Husten ▶ káf (cough)
Insektenstiche ▶ ínsäkt-stings (insect-stings)
Katarrh ▶ katárr or kóuld (catarrh or cold)
Knie ▶ níy (knee)
Knöchel ▶ änkl (ankle)
Körper ▶ bódi (body)
Kopf ▶ häd (head)
Krampf ▶ krämp or späsm (cramp or spasm)
Krampfadern ▶ wǎrikous wéyn (varicose vein)
Leistenbruch ▶ íngwinel ráptscher (inguinual rupture)
Leistenbruch ▶ hérnia (hernia)
Lungen ▶ lángs (lungs)
Magen ▶ stómak (stomach)
Nase ▶ nóos (nose)
Nieren ▶ kídnis (kidneys)
Ohren ▶ íyrs (ears)
Rücken ▶ bäk (back)
Rückgrat ▶ spáin (spine)
Sonnenbrand ▶ sán-börn (sun-burn)
Verstopfung ▶ konstipéyschn (constipation)
Wunde ▶ wúund (wound)
Zuckerkrankheit ▶ daiabíytis (diabetes)
Zahn ▶ túut (tooth)

Zahnarzt ▶ déntist, déntal sördschn   (dentist, dental surgeon)
Zahngeschwür ▶ ábsziss in de gám   (abscess in the gum)
Zahnschmerz ▶ túut-éyk   (toothache)
Zahnersatz ▶ fóols túut or fóols tíyt   (false tooth or false theeth)
Zahngebiss ▶ dắntscher or set of tíyt   (denture or set of teeth)
Zahnfüllung ▶ túut fílling   (tooth filling)

Fotoladen

▶ ät de fóto schóp
(at the photo shop)

Film ▶ fílm   (film)
Entwickeln ▶ diwắloping   (developing)
Kopieren ▶ prínting   (printing)
Format ▶ sáis   (size)
Vergrössern ▶ tu enlárdsch   (to enlarge)
Verkleinern ▶ tu redjús   (to reduce)
Schwarz-weiss ▶ bläk and wáit   (black and white)
in Farben ▶ in kólers   (in colo-u-rs)
Diapositiv ▶ transpắrensi   (transparency)
Fotoapparat ▶ kámera, for téyking snáp-schúts
                        (camera for taking snapshots)
Filmapparat ▶ kámera for téyking múuwis
                        (camera for taking movies - movie camera)
Objektiv ▶ lens   (lens)
Sucher ▶ wjú-fáinder   (wiev-finder)
Belichtungszeit ▶ táim of expóuser   (time of exposure)
Belichtungsmesser ▶ expóuser míyter   (exposure meter)
Filter ▶ fílter   (filter)
Blende ▶ shátter   (shutter)
Gegenlichtblende ▶ sán schéyd   (sun shade)
Blitzlicht ▶ fläsch   (flash)
Batterie ▶ báteri   (battery)
Stativ ▶ tráipod   (tripod)
Tragtasche ▶ kắrring kéys   (carriyng case)
der Film steckt ▶ de fílm is dschắmd   (the film is jammed)
Bitte mir den Film herauszunehmen ▶ plíys téyk de film áut
                        (please take the film out)

57

Bitte den Film einzulegen ▶ plíys put de film in de kámera
(please put the film in the camera)
Filmkamera ▶ múuwi kámera (movie camera)
Filmprojektor ▶ múuwi prodschékter (movie projector)
Klebepresse ▶ film spláiser (film splicer)
Klebemittel ▶ film simént (film cement)
Projektionswand ▶ prodschékschn skríyn (projection screen)
Dunkelkammer ▶ dárk-rúum (dark room)

Autodienst und Garage
▶ kar sŏrwis änd garásch
(car service and garage)

Tankstelle ▶ pétrol – gas – stéyschn (petrol - gas - station)
Auffüllen ▶ fílling áp (filling up)
nur ..... Gallon oder Liter ▶ ónli .... gállons or líters
(only ..... gallons or litres)
Bitte das Öl nachsehen ▶ plíys tschék de óil túu
(please check the oil too)
Haben Sie ein gutes Öl? ▶ du ju häw ä gúd óil?
(do you have a good oil?)
Welche Marke von Öl haben Sie?▶ wot káind - bränd - of óil du ju häw?
(what kind - brand - of oil do you have?)
Ich verwende nur dieses Öl ▶ ái äm júsing ónli dis óil
(I am using only this oil)
Bitte prüfen Sie das Wasser in der Batterie
▶ plíys tschék de wóter in de bátteri
(please check the water in the battery)
Haben Sie destilliertes Wasser? ▶ du ju häw distíld wóter?
(do you have distilled water?)
Bitte prüfen Sie auch den Luftdruck in den Reifen
▶ plíys tschék de táier präscher túu
(please check the tyre – (tire) pressure too)
Vorderräder ▶ front wíyls (front wheels)
Hinterräder ▶ bäk wíyls (back wheels)
Luftdruck in ATÜ oder Pfund ▶ är präscher in ATÜ or páunds
(air pressure in ATÜ ör pounds)
Zur Beachtung: 1,6 ATÜ = 23 pounds, 1,8 ATÜ = 26 pounds
2.0 ATÜ = 29 pounds, 2,2 ATÜ = 31 pounds

Bitte die Windscheibe zu reinigen ▶ plíys klíyn de wíndschíyld
(please, clean the windshield)
Die Rechnung bitte ▶ de bill, plíys (the bill, please)
Ich suche eine Garage ▶ ái äm lúuking for ä garásch
(I am looking for a garage)
Nur für eine Nacht ▶ for wón náit ónly (for one night only)
Nur für einige Stunden ▶ for ä fjú áuers ónli (for a few hours only)
Ich suche eine Werkstätte ▶ ái äm lúuking for ä ripär shop
(I am looking for a repair shop)

Motor ▶ éndschin (engine)
Vergaser ▶ kárbureyter (carburetor)
Ventile ▶ wólws (valves)
Kupplung ▶ klátsch (clutch)
Bremse ▶ bréyk (brake)
Auspuffrohr ▶ máffler (muffler)
Licht ▶ láit (light)
Birne-Lampe ▶ bálb (bulb)

Auto-Miete ▶ rénting ä kár (renting a car)
Ich möchte ein Auto mieten ▶ ái want tu rént ä kár
(I want to rent a car)
Was kostet die Miete pro Tag? ▶ háu mátsch is de rent for wóan déy?)
(how much is the rent for one day?)
Ist alles inbegriffen? ▶ is ä́weriding inklúded?
(is everything included?)
Auch die Versicherung? ▶ ólso de inschúrens? (also the insurance?)
Das Benzin ist extra ▶ de pétrol - gas - is éxtra
(the petrol - gas - is extra)
Muss ich ein Depot erlegen? ▶ schúd ái líyw ä depósit?
(should I leave a deposit?)
Ich werde den Wagen morgen zurückbringen
▶ ái sháll bring bäk de kar tumóroo
(I shall bring back the car tomorrow)
Nehmen Sie diese Kreditkarte an? ▶ du ju akzépt dis krédit kard?
(do you accept this credit card?)

Sport und Unterhaltung

▶ sport änd entertéynment
(sport and entertainment)

Wassersport ▶ aquátik sport (aquatic sport)
Baden ▶ báting (bathing)
Schwimmen ▶ swímming (swimming)
im Meer ▶ in de síy (in the sea)
im Schwimmbecken ▶ in de púul (in the pool)
Strand ▶ de bíytsch (the beach)
Springen ▶ dschámping (jumping)
Tauchen ▶ dáiwing (diving)
Wettschwimmen ▶ swímming kompetíschn (swimming compe-
Wasserball ▶ wóter pólo (water polo)   tition)
Wasserski ▶ wóter skí-ing (water skiing)
Rudern ▶ róoing (rowing)
Segeln ▶ séyling (sailing)
Segelboot ▶ séyl bóot (sail boat)
Motorboot ▶ mótor bóot (motor-boat)

Radfahren ▶ sáikling (cycling)
Fahrrad ▶ báisikl (bicycle)
Motorrad ▶ mótor- sáikl (motorcycle)

Reiten ▶ ráiding (riding)
Pferd ▶ hórs (horse)
Maultier ▶ mjúul (mule)
Esel ▶ dónki (donkey)
Sattel ▶ sáddl (saddle)
Steigbügel ▶ stírrap (stirrup)

Halfter ▶ hálter (halter)
besteigen ▶ máunting (mounting)
heruntersteigen ▶ aláiting (alighting)
absteigen ▶ gétting óff (getting off)
traben ▶ trótting (trotting)
mieten ▶ rénting (renting)
pro Stunde ▶ for de áur (for the hour)
pro Tag ▶ for de déy (for the day)
zurückbringen ▶ tu bring bäk (to bring back)

Ball spielen ▶ tu pléy ból (to play ball)
Fussball - in Europa ▶ sóker or fútbol (soccer or football)
Fussball - in Amerika ▶ fútbol (football)
Handball ▶ hǎndbol (handball)
Korbball ▶ básketbol (basketball)
Tennis ▶ ténnis (tennis)
Tischtennis ▶ ping-pong-téybl-ténnis (ping-pong-table tennis)
Golfspiel ▶ gólf (golf)
Golfplatz ▶ gólf-línks (golf-links)
Wettspiel ▶ géym or mätsch (game or match)
Welche Mannschaften spielen heute?
   ▶ wítsch tiyms are pléying tudéy? (which teams are playing today?)
Ist das ein Meisterschaftsspiel? ▶ is díys ä tschǎmpionscip géym?
                                    (is this a championship game?)
Wer gewinnt, wer verliert? ▶ hú is wínning, hú is lúusing?
                              (who is winning, who is loosing?)
Wie steht das Spiel? ▶ wót is de skór? (what is the score?)
Wird das im Fernsehen übertragen?
   ▶ will it bi schóun on télewischn? (will it be shown on television?)
Gleichzeitig oder aufgezeichnet? ▶ láif or rikórded? (live or recorded?)

Pferderennen ▶ hórs réyssing (horse racing)
Trabrennen ▶ hórs trótting (horse trotting)
Wetten ▶ bétting (betting)

Boxkampf ▶ bóxing mätsch (boxing match)
Ringsitz ▶ ríngsaid (ringside)
Boxer ▶ fáiters (fighters)
Schiedsrichter ▶ réferiy (referee)
Boxring ▶ ring (ring)
Was kostet die Eintrittskarte? ▶ hau matsch is de tíket?
                                  (how much is the ticket?)
Ich möchte ein **Kabarett - Nachtlokal** besuchen
   ▶ ái wud láik tu góo tu ä kábaret - náit klab
                          (I would like to go to a cabaret-night club)
Können Sie mir bitte die Karten besorgen?
   ▶ kud ju plíys get de tíkets for mi?
                          (could you please get the tickets for me?)
Bitte, lassen Sie einen Tisch reservieren
   ▶ plíys, méyk a riserwéyschn for ä téybl
                          (please, make a reservation for a table)

für ..... Personen ▶ for ..... pőrsons   (for .....persons)
Karten für ein Konzert oder Theater ▶ tíkets for ä kónzert or tíater
(tickets for a concert or theater)

Abreise aus dem Hotel
▶ dipártscher from de hotél
(departure from the hotel)

Bitte um die Rechnung ▶ de bill pliys (the bill please)

Ist alles eingeschlossen? ▶ is ä́weriding inklúded?
(is everything included?)

Ich habe einige Belege unterschrieben ▶ ái häw sáind sam wáutschers
(I have signed some vouchers)

Ist der Service inbegriffen? ▶ is de sőrwis inklúded?
(is the service included?)

Ich werde morgen früh abreisen ▶ ái will dipárt tumórroo mórning
(I will depart tomorrow morning)

Bitte mich um....Uhr zu wecken ▶ wud ju plíys wéyk mi áp ät ...o- klók
(would you please wake me up at ...o-clock)

Hier ist ein Trinkgeld für Sie ▶ híyr is ä tip for ju (here is a tip for
you)

Bitte rufen Sie den Gepäckträger für meine Koffer
▶ plíys kóol de lágidsch- pórter for mái lágidsch
(please call the luggage porter for my luggage)

Bitte rufen Sie ein Taxi ▶ plíys kóol ä táxi   (please call a taxi)

Ich warte auf den Bus ▶ ái äm wéyting for de bás
(I am waiting for the bus)

Kann man mein Auto aus der Garage holen?
▶ wud ju gät mai kar aut of de garásch?
(would you get my car out of the garage?)

Zum Flughafen, bitte ▶ tu de ä́rport, pliys   (to the airport, please)

Zum Bahnhof, bitte ▶ tu de réylwey stéyschn, pliys
(to the railway station, please)

Zur Schiffsstation, bitte ▶ tu de píyr, pliys   (to the pier, please)

Lebewohl! ▶ gúud bái!   (good bye!)

Auf Wiedersehen! ▶ ái schä́l síy ju ägéyn! (I shall see you again!)

Ziffern und Zahlen ▶ fígers änd námbers (figures and numbers)

0 ▶ síro (zero)			40 ▶ fórti (fourty)	
1 ▶ wóan (one)			41 ▶ fórti-wóan (fourty-one)	
2 ▶ túu (two)				
3 ▶ trí (three)				
4 ▶ fór (four)			50 ▶ fífti (fifty)	
5 ▶ fáif (five)			51 ▶ fífti-wóan (fifty-one)	
6 ▶ síx (six)				
7 ▶ sáwn (seven)			60 ▶ síxti (sixty)	
8 ▶ éyt (eight)			61 ▶ síxti-wóan (sixty-one)	
9 ▶ náin (nine)				
10 ▶ tǎn (ten)			70 ▶ sǎwnti (seventy)	
11 ▶ ilǎwn (eleven)			71 ▶ sǎwnti-wóan (seventy-one)	
12 ▶ twélf (twelve)				
13 ▶ tǒrtín (thirteen)			80 ▶ éyti (eighty)	
14 ▶ fórtiyn (fourteen)			81 ▶ éyti-wóan (eighty-one)	
15 ▶ fífteen (fifteen)				
16 ▶ síxtiyn (sixteen)			90 ▶ náinti (ninety)	
17 ▶ sáwntiyn (seventeen)			91 ▶ náinti-wóan (ninety-one)	
18 ▶ éytiyn (eighteen)				
19 ▶ náintiyn (ninteen)				

20 ▶ twǎnti (twenty)
21 ▶ twǎnti-wóan (twenty-one)
22 ▶ twǎnti-túu (twenty-two)
23 ▶ twǎnti-trí (twenty-three)
24 ▶ twǎnti-fór (twenty-four)
25 ▶ twǎnti-fáif (twenty-five)
26 ▶ twǎnti-síx (twenty-six)
27 ▶ twǎnti-sáwn (twenty-seven)
28 ▶ twǎnti-éyt (twenty-eight)
29 ▶ twǎnti-náin (twenty-nine)

30 ▶ tǒrti (thirty)
31 ▶ tǒrti-wóan (thirty-one)
32 ▶ tǒrti-túu (thirty-two)
33 ▶ tǒrti-trí (thirty-three)
34 ▶ tǒrti-fór (thirty-four)
35 ▶ tǒrti-fáif (thirty-five)
36 ▶ tǒrti-síx (thirty-six)
37 ▶ tǒrti-sáwn (thirty-seven)
38 ▶ tǒrti-éyt (thirty-eight)
39 ▶ tǒrti-náin (thirty-nine)

100 ▶ wóan hándert (one hundred)
200 ▶ túu hándert (two hundred)
300 ▶ trí hándert (three hundred)
400 ▶ fór hándert (four hundred)
500 ▶ fáif hándert (five hundred)
600 ▶ síx hándert (six hundred)
700 ▶ sáwn hándert (seven hundred)
800 ▶ éyt hándert (eight hundred)
900 ▶ náin hándert (nine hundred)
1000 ▶ wóan táusend (one thousand)
2000 ▶ túu táusand (two thousand)
10.000 ▶ tǎn táusend (ten thousand)

Goldstadt-Reiseführer

EUROPA

Deutschland
Bayerischer Wald (2309)
Bodensee und Umgebung (2303)
Fichtelgebirge (2318)
Fränkische Schweiz (2319)
Harz (2305)
Oberpfalz (2310)
Odenwald (2313)
Schwäbische Alb, Donautal (2304)
Schwarzwald Nord (2302)
Schwarzwald Süd (2301)

Frankreich
Franz. Atlantikküste (2076)
Bretagne (4077)
Burgund (4072)
Cote d'Azur (2070)
Cote Languedoc - Roussillon (2071)
Korsika (2015)
Das Tal der Loire (4078)
Provence u. Camargue (2032)
Vogesen, Straßbg., Colmar (2023)

Griechenland (4218)
Kreta (2055)
Korfu (2054)
Rhodos (2022)

Großbritannien
Mittelengland -
    East Anglia (4082)
Nordengland (4083)
Schottland (4059)
Südengland (2058)

Irland (4042)

Island (4043)

Italien
Apulien u. Kalabrien (31)
Elba (2044)
Gardasee und Iseosee (2012)
Florenz (66)
Friaul - Julisch Venetien (2028)
Italienische Riviera (4)
Meran mit Ausflügen (2009)
Golf von Neapel (2025)
Rom (2026)
Sizilien (2024)
Südtirol (2010)
Toskana (2041)

Jugoslawien
Jugoslawische Adria (2027)

Malta Gozo, Comino (2046)

Niederlande (4216)

Österreich
Burgenland (2062)
Kärnten (2060)
Salzburger Land (2061)
Steiermark (2063)
Wien (2064)

Portugal (211)
Algarve (2011)
Azoren (6201)
Lissabon (2081)
Madeira (2045)

Schweiz
Berner Oberland (50)
Tessin (2051)
Zentralschweiz (49)

Skandinavien
Dänemark (4016)
Finnland (4040)
Lappland (29)
Norwegen (4039)
Schweden (4033)

Spanien
Costa Blanca (20)
Costa Brava (2002)
Costa del Sol,
    Costa de la Luz (2019)
Gran Canaria (2036)
    Lanzarote, Fuerteventura
Mallorca (2003)
Nordwestspanien (18)
Südspanien (4200)
Teneriffa (2035)
    La Palma, Gomera, Hierro

Tschechoslowakei (2013)

Ungarn (2037)

UDSSR
Leningrad (4214)
Moskau (4213)

Zypern (Republik, 4017)

AFRIKA

Algerien mit Sahara (4212)
Marokko (30)
Maur'tius (6234)
Namibia -
    Südwestafrika (6265)
Nigeria (204)
Seychellen (6229)
Südafrika (6215)
Tunesien (4021)

AMERIKA

Bolivien (6219)
Brasilien (245)
Chile (241)
    mit Feuerland u. Osterinsel
Cuba (246)
Ecuador mit Galapagos (6243)
Kolumbien (6242)
Peru (220)
USA - Gesamt (4207)
USA - Der Südwesten (6255)
New York (4038)
Venezuela (6244)

ASIEN
INDISCHER OZEAN
PAZIFISCHER OZEAN
Birma (235)
China (236)
Hawaii (6233)
Hong Kong (4222)
Israel (6251)
Japan (6224)
    Tokyo, Nara, Kyoto
Malaysia (6226)
Malediven (6228)
Nordindien und Nepal (6209)
Seoul (6237)
Südindien (6208)
Sri Lanka (6227)
Thailand (206)
Türkei (4217)

AUSTRALIEN (6231)
Neuseeland (6232)

Sprachführer

Die einfache Hörsprache –
lesen und sofort richtig sprechen

1401 Französisch	1406 Portugiesisch
1402 Englisch	1407 Italienisch
1403 Spanisch	1408 Türkisch
1404 Griechisch	1409 Russisch
1405 Serbokroatisch	

Wanderführer

Spaziergänge u. Wanderungen vom
halbstündigen Küstenspaziergang
bis ganztägigen alpinen Bergtouren,
Fahrpläne und kleiner Sprachführer,
Übersichts- und Routenskizzen,
Fotos sw und Farbe, 96 Seiten.

Elba (453)	**Korsika** (455)
Gomera (452)	**Samos** (456)
Ischia (454)	**Teneriffa** (451)

Reisebücher

DER GROSSE GOLDSTADT

Bermuda (8702)
Reiseführer für Urlaubs- und Business-
Travellers. Impressionen und Informatio-
nen in Texten, Farbbildern und Karten.
Bermuda englisch (8705)

Heilige Stätten (8704)
Pilgerziel Jerusalem – allen
jüdischen, christlichen und moslemischen
heiligen Stätten widmet sich dieser
Pilger-, Reise- und Kunstführer.

Kenia
Safari- und Reiseführer (8706)
Marianne Mengier aus Erlangen schreibt:
„Wir sind viel in der Welt unterwegs,
aber kaum ein Reiseführer hat uns so
gute Dienste geleistet. . . "
FAZ: „.... brillante Fotos ..., man hat das
Gefühl, daß man sich auf den Text ver-
lassen kann..."